등장인물 소개

김태우 (24세)

학원과 성공포차, 두 개의 아르바이트와 학업을 병행하며 세계 최대의 여행사 사장이 되는 것이 꿈인 대학생. 어려서 부유한 집의 외동아들로 태어나 밝고 자신감에 차있으며 활달했지만 중학교에 올라갈 무렵 아버지의 사업 실패로 가세가 기운 이후에는 자신감이 없고 사회에 대한 불만이 많으며 모든 것을 남의 탓으로 돌리는 성격으로 변했다. 대학 졸업이 가까워지면서 취업 걱정이 떠나질 않는다. 취업을 이룰 수 있는 영어를 정복하기 위해 토익에 매달리지만, 영어실력은 전혀 늘지 않는데…

김지완 (33세)

엄격하게 학생을 가르치지만 자신도 어려운 시절을 겪었기에 태우의 마음을 누구보다도 잘 이해하는 동네 형 같은 존재. 그러나 굳은 결심 없이는 아무것도 이룰 수 없다는 것을 누구보다 잘 알기에 공부를 시킬 때는 대충대충 하는 꼴은 보지 못하고 독설을 날린다. 10년간 다양한 연령대의 사람들에게 영어를 가르치며 터득한 영어를 정복하는 비법을 성공이 간절한 태우에게 전수한다.

박혜연 (21세)

어학연수를 앞두고 성공포차에서 아르바이트를 하는 발랄한 여대생. 주인공 태우와는 아르바이트 교대 시간에만 잠깐 보는 사이지만 특유의 친화력으로 태우를 휘어잡는다. 까불대고 털털한 성격이지만 가치관이 확실한 혜연이는 태우의 의지가 흔들릴 때마다 바로 잡아주는 든든한 스터디 파트너이다.

주인아저씨 (48세)

젊었을 때 유도 선수를 했고 어려운 집안 환경 탓에 공부도 제대로 못 했지만 지금은 어엿한 성공포차의 사장으로 누구보다 열심히 살고 자신의 삶에 감사하는 인물로 태우에게는 아버지와도 같은 존재. 우락부락한 체구와 인상으로 술에 취해서 행패를 부리는 손님을 말 한마디 안 하고 제압할 수 있는 특기가 있다.

김윤식 (24세)

김태우와는 과 동기로, 동기 중에서 제일 영어를 잘하고 스펙이 좋았을 뿐 아니라 가장 먼저 취업에 성공해서 동기들의 선망의 대상이다. 그러나 자신이 잘난 것을 너무나도 잘 알아서 건방진 것이 흠이다. 항상 태우를 무시하고 깔보던 윤식은 훗날 중요한 자리에서 태우와 만나게 되는데...

배수지 (24세)

태우의 과 동기이자 짝사랑의 대상이다. 예쁘지만 도도한 성격으로 태우와는 큰 친분도 없고 태우가 자신을 좋아하는지도 모른다. 태우에게는 마음속 에너지를 끌어내는 꺼지지 않는 연료와도 같은 존재.

토익공부를 하지 않는데도 토익점수가 저절로 오르는 법
토익공부 하지마

초판 1쇄 인쇄 2011년 5월 1일
초판 1쇄 발행 2011년 5월 10일

지은이 김지완
펴낸이 김선식

Story Creator 김희정
Design Creator 김태수

Creative Design Dept. 최부돈, 황정민, 김태수
Creative Management Team 김성자, 김미현, 김유미, 정연주, 서여주, 권송이
Creative Marketing Dept. 모계영, 이주화, 김하늘, 신문수
Communication Team 서선행, 박혜원, 김선준, 전아름
Contents Rights Team 이정순, 김미영
Outsourcing 진행·편집 김형태

펴낸곳 (주)다산북스
주소 서울시 마포구 서교동 395-27번지
전화 02-702-1724(기획편집) 02-703-1725(마케팅) 02-704-1724(경영지원)
팩스 02-703-2219
이메일 dasanbooks@hanmail.net
홈페이지 www.dasanbooks.com
출판등록 2005년 12월 23일 제313-2005-00277호

필름 출력 스크린그래픽센터 **종이** 한서지업(주) **인쇄·제본** (주)현문

ISBN 978-89-6370-549-1 13740

* 책값은 표지 뒤쪽에 있습니다.
* 파본은 구입하신 서점에서 교환해 드립니다.
* 이 책은 저작권법에 의하여 보호를 받는 저작물이므로 무단 전재와 복제를 금합니다.

토익공부를 하지 않는데도 토익점수가 저절로 오르는 법

토익공부 하지마

김지완 지음

BEYOND
A·L·L

차례

INTRO - 영어는 똥(Bullshit)이다! 8

첫 번째 만남:
네가 먼저 마음의 문을 열어야 멘토가 들어올 수 있는 거야 18
두 번째 만남:
영어를 잘하고 싶다면 토익공부는 절대로 하지 마 40
세 번째 만남:
실천하지 않으려면 시작할 필요도 없어 61

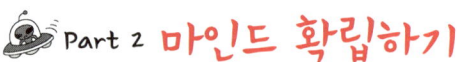

네 번째 만남:
꿈을 정말로 이루고 싶다면 그 마음을 꿈 테이블에 담아라 80
다섯 번째 만남:
혼자 하기 어렵다면 스터디를 만들어라 98
여섯 번째 만남:
성공하고 싶다면 가장 하기 어려운 일을 실행해라 115

 Part 3 바꿔 말하기 훈련하기

일곱 번째 만남:
모든 일에는 순서가 있다 128
여덟 번째 만남:
엄마 아빠를 생각해서라도 한 걸음 더! 146

 Part 4 성대모사 훈련하기

아홉 번째 만남:
좋아하는 원어민 배우의 억양과 표정까지 모두 따라 해라 160
열 번째 만남:
최고가 되려면 최고의 모든 것을 따라 해라 172
마지막 만남:
인생의 길이만큼 지속적으로 노력해라 187

 부록 3단계 영어정복 프로그램 워크북

INTRO

영어는 똥(Bullshit)이다!

질문

1. 우선 당신이 영어공부를 한 기간의 합은?
　　　_____ 년

2. 영어로 간단한 의사소통이 되는가? (동그라미로 표시)
　　Yes.　　　No.

3. 아래의 매우 단순한 문장을 3초 안에 영어로 바꿔 말해보세요.
　　"나는 어제 계단에서 넘어졌다."

　　1… 2… 3초.

좌절과 실망은 뒤로 하고 다음 페이지로!

최소한 6년 이상은 영어공부를 했을 텐데 영어로 간단한 의사소통조차 되지 않죠? 하물며 "나는 어제 계단에서 넘어졌다."라는 이런 간단한 말도 못하겠다고요?

이래도 당신이 지난 6년간 배운, 지금도 쉬지 않고 배우고 있는, 또 앞으로 평생 배울 영어가 "Bullshit(헛소리)"이 아니라고 할 수 있을까요? 이제 이런 Bullshit을 집어치울 때가 되었습니다. 드디어 그때가 온 것입니다.

나는 어제 계단에서 넘어졌다.
= I fell down the stairs.

사실 대부분은 억울할 거예요. 그래도 최소한 6년 이상은 영어공부를 한다고 했는데 설마 영어실력이 이렇게 바닥일 줄은 몰랐죠? 시간으로만 따지자면 최소 중학교 3년, 고등학교 3년의 합이 6년이요, 그동안 쏟아 부은 참고서 값이며 학원비를 다 합치면 여러분은 사실 비용에 비해 엄청나게 질 떨어지는, 그러니까 "나는 어제 계단에서 넘어졌다."와 같은 아주 단순한 문장도 말할 수 없는 실력을 위해 엄청나게 비싼 대가를 치른 셈입니다.

어떤 분은 반문할 수도 있습니다. 그래도 다른 사람들의 영어실력이 다 나처럼 형편없지는 않을 거라고. 다른 사람들은 좀 나을 거라고 말이죠. 또 우리 세대는 그럴지 몰라도 우리 자녀들은 좀 나을 것으로 생각할지 모릅니다. 하지만 그건 매우 희망적인 기대에 불과합니다. 만약 이런 어이없는 영어실력이 단지 자신만의 문제라고 생각하는 분이 있다면 아까 제가 드렸던 문장 "나는 어제 계단에서 넘어졌다."를 주변 사람들에게 영어로 말해 보라고 해 보세요. 혹은 비싼 영어유치원이나 어학원에 다니는 아이들에게 시켜 보세요. 아마 이 문장을 틀리지 않고 말할 수 있는 사람을 찾는 것은 마치 낙타가 바늘구멍을 통과하기만큼이나 어렵다는 사실을 곧 발견하게 될 겁니다.

자, 그럼 주변 사람들에게 한번 물어보세요!

 주변 사람 혹은 자녀에게 아래의 문장을 영어로 바꿔 말해 보라고 시킨다.
"나는 어제 계단에서 넘어졌다."

아하! 이제 알겠죠? Action!을 직접 말해 봤다면 분명히 "영어는 똥이다!"라는 말에 조금이나마 동의할 거라 생각합니다. 그럼, 여기서 하나 더 묻겠습니다. 이게 과연 정상일까요?

한번 생각해 보기 바랍니다. 만약 우리가 수영이나 스키를 6년 배웠다면 어떨까요? 스키나 수영도 우리 영어실력만큼 형편없을까요? 보통 어떤 분야든 10년을 꾸준히 하면 그 분야에서 장인의 경지에 오를 수 있다고 합니다. 10년은 아니지만 6년의 세월이라면 적어도 단순한 의사소통은 물론 영어로 기본적인 업무 정도는 할 수 있어야 하는 게 아닐까요?

수영학원에서 6년 동안 수영을 배웠는데 기본적인 자유형조차 할 수 없다면 어떻게 하시겠습니까? 저라면 수영학원 측에 강력히 항의하고 환불을 요청할 것 같습니다. 그런데 영어는 왜 다른 걸까요? 왜 어느 사람도 이 말도 안 되는 상황, 그러니까 6년을 돈이란 돈, 시간이란 시간을 다 투자해놓고 단순한 문장조차 말하지 못하는 이 상황에 대해서는 항의 혹은 환불조치를 하지 않는 걸까요? 저는 지난 10년간 영어교육에 종사하며 이 부분이 매우 궁금하고 이상했습니다.

"참 별일이다…. 그 누구도 환불을 요구하거나 영어교육기관에 손해배상을 청구하지 않으니."

다 같이 한번 깊이 생각해 보기 바랍니다.

Think! 6년을 영어에 매달리고도 단순한 문장 하나 제대로 말하지 못하는 이 상황이 과연 정상인가?

그렇습니다. 참 이상한 일입니다. 영어 공부가 대체 뭐기에. 6년을 매달려도 단순한 문장 하나 제대로 말할 수 없는 걸까요? 이쯤 되면 "난 6년보다 훨씬 더 긴 시간을 영어에 쏟아 부었는데…" 하는 분들도 있을 겁니다. 맞습니다. 젊은 분일수록 일찍이는 유치원 때부터 영어공부를 시작해서 길게는 15년 이상 긴

세월을 영어에 쏟아 부었을 것입니다. 그런데 놀랍게도 6년을 배운 세대나 15년을 배운 세대나 영어로 단순한 문장 하나 말하지 못하는 이 형편없는 결과에는 별반 차이가 없습니다. 차이라고 하면 비싼 학원비 영수증 뭉치와 프랜차이즈 학원에서 받은 세련된 책가방, 뭐 이 정도가 전부입니다.

그래도 더 비싼 교육, 더 세련된 교육을 받는 신세대들은 뭐가 달라도 다를 것으로 생각한다면, 사교육 1번지인 강남 대치동 학원가에 직접 가서 초중고 학생들에게 단순한 문장을 영어로 바꿔 말해 보라고 시켜 보세요. 이때 주의할 점은 외국에 영어연수를 갔다 온 아이들을 제외하고 한국에서 공부한 순수 국내파에게만 물어봐야 공정한 결과를 얻을 수 있다는 겁니다. 그래야 자신과 냉정하게 비교해 볼 수 있으니까요.

자, 다른 사람 얘기는 여기까지 하고 지금부터는 이 글을 읽고 있는 본인 스스로 영어에 얼마나 많은 시간과 돈을 투자했는지 직접 계산해 보는 시간을 갖도록 하겠습니다. 방법은 아주 간단합니다. 아래의 표를 직접 작성해 보면 됩니다.

지금까지 내가 영어에 투자한 비용 계산하기
영어를 배운 시간의 합 _____ 년
그동안 들어간 책값 + 학원 수강료 _____ 원
(이왕 할 거 대충대충 하지 말고 정확히 계산해 보세요!)

평균 시급을 1만 원으로 잡고 초중고 12년간 영어를 배운 시간의 합을 2,880시간이라고 했을 때 여러분은 2,880만 원어치의 시간을 쏟아부었고, 12년간 수강료와 참고서로 투자한 비용의 합을 계산하면 2,160만 원이 나옵니다. 그러니까 5,040만 원이라는 돈을 영어 배우는 데만 쏟아부은 것이죠. 정말 이게 무슨 경우입니까? 그동안 정확히 계산을 안 해 봐서 몰랐는데 막상 계산해 보니 정말 엄청난 돈과 시간을 영어에 투자했습니다. 아마 투자한 시간 모두를 각 개개인의 업종과 직급에 따라 '실제 시급×시간'으로 계산한다면 우리가 영어에 투자한 비용, 더 나아가 대한민국 전체가 영어에 투자한 비용은 실로 어마어마한 액수일 것입니다.

세계적으로 똑똑하다고 소문난 대한민국에 대체 이게 무슨 일입니까? 정말 우리는 어느 광고에서 보았듯 영어를 받아들이기에는 부적절한 뇌를 가지고 있는 걸까요? 아니면 학구열 높은 어머니들이 흔히 말하는 것처럼 우리의 혀가 영어에 적합하지 못해 영어를 잘하기 위해서는 한때 유행했던 '혀 성형'이라도 받아야 하는 걸까요? 정말 어느 TV 프로그램의 제목처럼 "그것이 알고 싶습니다." 대체 우리는 왜 이렇게 엄청난 투자를 하고도 도저히 믿을 수 없는 결과를 얻고 있는 것일까요? 여러분도 진지하게 이 문제에 대해 생각해 보시기 바랍니다. Why? Why? Why?

 그 많은 시간과 돈을 투자하고도 나는 왜 이렇게 영어를 못하는 것일까?
그 엄청난 시간과 돈을 쏟아 붓고도 대한민국은 왜 이렇게 영어를 못하는 것일까?

자, 이쯤 되면 "영어는 똥이다!"라는 제 의견에 이의를 제기하는 분은 별로 없을 것입니다. 되려 "진짜 우리는 그동안 뭘 배운 걸까?"란 생각에 안타까운 마음과 억울한 마음이 교차할 것입니다. 그런데 여러분은 정말 복 받은 사람들입니다. 그나마 여러분은 이제라도 우리가 아는 영어, 우리가 배운 혹은 배우고 있는 영어가 쓸모없는 것(Bullshit!)이라는 사실을 알게 되었으니까요. 하지만 아직도 이런 사실을 전혀 깨닫지 못한 채 매년 새해가 되면 굳은 결심과 함께 영어책을 사러 서점으로, 영어강의를 들으러 영어학원으로 습관처럼 발걸음을 옮기는 사람들이 대부분입니다.

인정할 것은 인정해야 합니다. 그동안 투자한 것이 아깝다고 계속 하한가치는, 주가가 곤두박질치는 주식을 처분하지 않고 계속 가지고 있을 수는 없는 노릇입니다. 마찬가지로 이미 엄청난 비용을 투자한 우리의 영어교육이 잘못되었다는 것을 알게 된 이상, 이제는 "영어는 똥이다!"라고 선포하고 다른 주식, 그러니까 지금까지와는 전혀 다른 새로운 방법으로 바꿔야 합니다. 이제 자신에게 다음과 같이 말해 주세요!

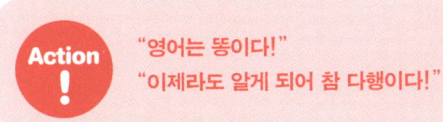

밑줄 쫙!

1. 나는 "나는 어제 계단에서 넘어졌다." 같은 매우 단순한 문장도 영어로 말할 수 없다.

2. 이런 단순한 문장도 말할 수 없는 이 현실은 마치 수영을 6년 배우고 자유형도 못하는 상황과 전혀 다를 바 없다.

3. 요즘 세대들은 평균적으로 영어에 12년간 5,000여만 원을 투자한다. 하지만 그들 역시 "나는 어제 계단에서 넘어졌다." 같은 단순한 문장조차 영어로 말하지 못한다.

4. 우리 모두 영어를 배우기 위해 여기저기 정신없이 찾아다니지만 지갑만 가벼워질 뿐 영어실력은 항상 제자리걸음이고 영어에 대한 스트레스는 되려 늘어난다.

5. 이건 뭔가 잘못되어도 단단히 잘못되었다. 지금까지의 영어는 똥이다!

6. 불행 중 다행인 것은 이제라도 이런 사실을 알게 되었다는 것이다.

Shout! "영어는 똥이다!"

"휴~ 이제라도 알게 되어 참 다행이다!"

Part 1

멘토와의 만남

1번째 만남

네가 먼저 마음의 문을 열어야 멘토가 들어올 수 있는 거야

평균학점 3.5, 토익점수 650, 공모전 입상 無, 어학연수 경험 無, 인턴 경험 無. 졸업을 1년 앞둔 어느 스물다섯 대학생의 우울한 스펙이다. 무경험 트리플 크라운도 모자라, 어느 장관 딸처럼 특채 입사를 시켜줄 부모님은커녕 스펙에는 전혀 도움이 되지 않는 아르바이트만 전전하고 있다. 미래가 보이지 않는 이 불쌍한 인생. 바로 김태우라는 스물다섯 청춘의 인생이다. 마음이 아프다. 그런데 그게 나라서 더 마음이 아프다. 누군가는 아프니까 청춘이라고 했지만 그따위 말은 위로가 되지 않는다. 외로우니까 사람이라는 말과 뭐가 다르단 말인가. 하지만, 난 아프고 외로울 시간조차 없다. 취직공부하러 도서관으로 향하는 친구들을 뒤로 하고 '성공포차'로 가야 하기 때문이다.

성공포차는 내가 아르바이트하는 가게다. 규모는 작지만 손님이 항상 꽉 차는 편이라 주인아저씨와 둘이서 일해도 피크타임에는 꽤 바쁘다. 새벽 4시까지 영업을 하는데, 대중교통이 끊기는 새벽 1시까지가 피크타임이다. 손님이 적은 새벽 2시 이후에는 다음 날 영업에 필요한 음식재료를 준비하다가 새벽 4시가 되면 가게를 정리하고 첫차로 집에 간다. 새벽에 눈을 좀 붙이고, 학교에서 오후 수업을 듣고, 종로 어학원에서 세 시간 동안 아르바이트 겸 학원수업 청강을 한 뒤에 이곳에 와서 2차 아르바이트를 한다. 이게 내 일과다. 이 일정이 달라지는 일은 거의 없다. 나는 학교, 학원, 성공포차의 쳇바퀴를 돌며 살고 있다.

"안녕하세요."

"어, 태우야. 빨리 와서 설거지 좀 해라. 오늘 혜연이가 심부름 다녀오다가 다리를 다쳐서 일찍 가는 바람에 설거지가 밀렸다."

가게에 들어서자 정신없어 보이는 주인아저씨가 구세주를 만난 듯 반가워하며 말한다.

"또요? 많이 다쳤어요?"

"심하게 다친 건 아닌데 애가 조심성이 없잖아."

"실실 웃고 다니는 거 보고 알아봤어요."

"그러게 말이다."

성공포차는 학교와 학원에 비하면 나에게 유일하게 우월감 아닌 우월감을 안겨주는 곳이다. 왜냐고? 새벽 2시에 여기로 와 보면 안다. 4인용 테이블 두 개와 네 명이 겨우 앉을 수 있는 비좁은 바(bar)에 나보다 더 루저 같아 보이는 사람들이 하나둘씩 모여든다. 그들은 대개 비슷한 표정을 하고 있다. 다들 우울한 얼굴을 하고 흐린 조명 아래서 술을 마신다. 누구라도 이런 만취한 진상들을 보면 우월감이 생길 것이다. 학교와 학원에서 항상 의기소침한 내가 잠시라도 자신감을 가질 수 있는 곳이랄까.

그래서 소위 스펙 쌓기에 도움이 되는 아르바이트를 굳이 찾으려 하지 않고 성공포차에서 벌써 1년째 일하고 있는지도 모르겠다. 1년 동안 정말 많은 사람들이 스쳐 지나갔다. 성공포차에 모인 루저들이라… 어디서 뭘 하는 사람들일까? 여기는 왜 왔을까? 이런 호기심으로 그들의 사연을 엿듣다 보면 가끔 재미있는 이야기도 덤으로 건질 수 있다. 그래서 나는 성공포차를 떠나지 못하나 보다. '성공'이라니… 아이러니한 이 가게의 이름조차도 운명인 것만 같다.

"이 집 계란말이가 진짜 맛있거든. 아저씨 여기 하나만 줘봐요."

주인아저씨가 만드는 계란말이는 내가 봐도 정말 맛있다. 나도 아저씨한테서 계란말이 비법을 전수받고 있지만 쉽게 되지 않는다. 하지만 아무리 맛있어도 그렇지 달랑 소주 한 병 마시면서 계란말이 하나를 서비스로 달라니….

"손님, 주문하셔야 드려요. 서비스로는 못 드립니다."

다부진 인상에 곰 같은 덩치의 주인아저씨가 무뚝뚝하게 한마디 하자 손님은 더는 말을 못한다. 우여곡절이 많은 인생을 살다 마흔이 되어서야 조그만 가게 하나를 차린 주인아저씨는 젊어서는 정말 한가락 하셨던 것 같다. 가끔 깍두기 같은 사람들이 찾아와서 공손하게 인사하는 걸 보면 지금은 어찌 저렇게 성실하게 살고 있는지 의아하기까지 하다. 담배도 안 피우고, 술 파는 가게를 운영하면서도 술을 잘 안 마신다. 가끔은 부드러운 목소리로 딸과 통화를 하기도 한다. 게다가 아저씨는 가게가 아무리 소란스러워져도 추태 떠는 손님들을 거칠게 다루지 않는다. 그럴 때 보면 인내심이 대단하다 싶다. 추측건대, 젊었을 때 주먹 쓰다가 무슨 일이 있었던 것 같다.

"학생 몇 살이야?"

거나하게 취한 듯한 손님이 물었다.

"스물다섯인데요."

"우리 막내랑 같네. 학생은 공부 잘해? 우리 자식놈은 중학교 때는 1등 한 번 안 놓치더니 고등학교 가서 친구를 잘못 만나서…."

성공포차에 있다 보면 종종 듣는 레퍼토리다. 친구 때문에, 마누라 때문에, 자식 때문에, 가족 때문에… 자기 때문이라는 사람은 거의 본 적이 없다.

"걔가 날 닮아서 머리는 좋은데…."

이것도 많이 나오는 레퍼토리 10위권이다.

"내가 뭘 그렇게 잘못했어? 너도 만날 그러잖아."

다른 테이블에서는 서른쯤으로 보이는 여자가 남자친구와 싸우고 있다. 늦은 시간에는 여자 손님이 많지 않기 때문에 아주 가끔 볼 수 있는 재미있는 구경거리다.

"응, 지금 들어가려고. 술 많이 안 먹었어. 먼저 자든가…."

이 레퍼토리 역시 3위권 되시겠다. 줄담배를 피워대던 아저씨가 전화를 받더니 하는 말이다. 표정은 완전히 일그러져 있는 걸 보니 뭔가 엄청난 고민이 있어서 괴로운데 마누라가 빨리 들어오라고 전화하니까 제대로 짜증이 난 것 같다. 지금 들어간다던 저 아저씨는 아마도 술에 취해 한동안 엎어져서 자다가, 가게 문 닫을 즈음 내가 깨워야 할 것이다. 성공포차에서 일하다 보니 사람 보는 눈도 생겼다. 신기하게도 한 70%는 맞는 것 같다.

이렇게 다양한 사람들이 수많은 사연과 고민을 안고 오는 곳이 바로 여기 성공포차다. 가끔 만취한 진상 손님들만 빼면, 다양한 사람들을 지켜보는 재미에 나는 피곤함을 날려버리곤 한다.

"여기 소주 하나랑 계란말이 하나요."

지금 막 혼자서 들어온 손님도 계란말이를 시킨다. 눈에 익은 사람은 아니지만 이 집 최고의 메뉴를 자리에 앉자마자 시키는 걸 보니 단골인가 보다. 종로3가 지하철역 뒷골목에 자리한 성공포차는 나 같은 대학생은 거의 오지 않는 곳이다. 주로 근처 상패 제작업체 아저씨들이나 주변 직장인들이 많이 오고, 12시가 넘어가면 1, 2차 정도는 이미 거치고 술을 더 마시고 싶은 사람들이 하나씩, 둘씩 온다.

12명밖에 앉을 수 없는 작은 곳인데다 백열전구 몇 개가 밝혀주는 실내도 어두침침한지라 어디로부턴가 도망치고 싶은 사람들에게 토굴 같은 은신처의 편한 느낌이 든다. 성공포차에 오는 사람들은 대체 무엇으로부터 도망치고 싶은 걸까. 하긴 나도 어쩌면 이곳으로 도망쳤는지도 모른다. 친구들은 도서관에서 환한 형광등 아래 열심히 공부하고 있을 텐데, 나는 여기서 손님들과 함께 하루하루 계속 멀어져 간다. 그러면서도 이 사람들보다는 내가 낫다는 얼토당토않은 생각을 한다.

가끔 12시가 넘어가면 프라이팬에서 계란이 지글지글 익어가는 소리와 손님들이 목으로 술 넘기는 소리, 담배 타들어가는 소리만 들릴 때가 있다. 외로운 성공포차의 밤이다. 나는 이런 분위기를 무척 좋아하게 됐다. 홀렸다고 해야 맞을 것이다. 아니, 사실 나에게 이곳 외에는 대안이 없다. 대안을 찾아볼 여력도 없다. 생활비도 벌고 학원수업도 듣기 위해서는 어쩔 수 없는 선택이며 최선의 선택이다.

언제까지 여기에서 일해야 하는 걸까? 아니, 언제까지 여기에서 일할 수 있을까? 매일 새벽, 잠이 들 때마다 고민만 가득할 뿐 나에게는 미래가 없다는 걸 잘 안다. 언젠가는 이곳을 박차고 나가야 한다는 것도 잘 안다. 하지만 세상은 나를 받아주지 않는다. 스펙이 좋지 않으면 그 누구도 인정해주지 않는다. 나의 가치를 알려고 하지 않을 것이다. 그런 세상으로 나가고 싶지 않다. 두렵다. 담배연기 자욱하고 어두침침한 곳이지만 캄캄한 내 앞날보다는 밝은 이곳에 영원히 숨어버리고 싶다. 이곳에서 나와 비슷한 사람들을 보면서 그저 안심하고 만다. 아니, 내가 그들보다 좀더 낫다고 위안받기까지 한다. 성공포차는 나에게 그런 곳이다.

"하… 뭐 해먹고 살지….."

2년 전, 군 제대를 핑계로 매일 술독에 빠져 살던 나는 술이 깨어가던 어느 날부턴가 이 말을 입에 달고 산다. 사실 나의 꿈은 세계에서 가장 큰 여행사를 차리는 것이다. 하지만 지금 상황에선 '개꿈'일 뿐이다. 대학 나왔다고 취직하는 시대도 아니고, 어학연수다 자격증이다 공모전이다 열심히 뛰어다니던 선배들도 떨어지다 떨어지다 못 해 조그만 회사에나 겨우 취직하는 마당에 남들 다 하는 취업 준비도 제대로 해 본 적 없는 나의 미래는 안 봐도 뻔하다.

친구들도 무엇을 하고 싶다, 무엇이 되고 싶다는 말을 거의 하지 않는다. 토익 몇 점 받고 싶다, 어학연수 가고 싶다는 말을 더 많이 한다. 이런 상황에서, 내 스펙을 대충 알고 있는 친구들에게 내 꿈은 여행사를 차리는 것이라고 말하는 것은 우스운 일이다. 그래서 나도 어떻게 꿈을 이룰까 생각하는 게 아니라, 어떻게 벌어 먹고살까를 생각할 수밖에 없다.

"태우야, 무슨 생각하나? 여기 설거지 좀 도와라."

"네, 아저씨. 근데 아저씨는 좋겠어요. 장사도 잘되고. 대학 나와서 백수로 지내는 사람들도 많은데, 대학 안 나오셨어도 남부럽지 않게 살잖아요. 전 앞으로 뭐 해먹고 살죠?"

"뜬금없기는. 그딴 생각으로 넋 놓고 있었던 거야? 하긴 우리 세 식구 먹고 살만큼 장사가 되니까 남부럽지 않을 수는 있겠네. 그리고 확실히 이 일이 나한테 잘 맞긴 하지. 가끔 진상들이 와서 그렇지 워낙 사람 얘기 듣는 걸 좋아하니까. 아담한 가게에서 종종 손님들한테 이런저런 이야기 듣는 게 재미있기는 하다. 그래도 너도 1년 동안 있어봐서 알겠지만, 물장사가 쉬운 게 아니야. 우리 딸 얼굴 보기도 어렵고 밤낮이 바뀌니 무지 피곤하잖냐."

"그래도 돈은 잘 버시잖아요."

"뭐, 처음부터 잘 벌었나. 마흔에 이 가게 차려서 3년 만에 이제 겨우 자리 잡은 거야. 가게 차리기 전까지 20년 동안 뭐 하나 제대로 한 게 없었다고. 그런 세월이 있었지."

"그래도 지금은 안정적으로 살아가시는 것 같아서 부러워요.

저는 미래도 불투명하고….”

"혜연이도 만날 그렇게 말하던데, 요즘 대학생들 사이에서 그 말이 유행이야? 뭐가 그렇게 불투명하냐.”

"혜연이가 왜요? 좋은 대학도 다니고 똘똘한 것 같던데. 10시에 저랑 교대하고 나서 영어학원 가느라 정신없다면서요. 어학연수 준비한다고 들떠 있던데요? 저는 부러울 따름이에요.”

"혜연이도 나름대로 고민이 왜 없겠어. 네 눈에는 편해 보일 수 있겠지만 누구나 다 힘든 게 인생 아니냐. 전방에서 근무하는 군인이나 동사무소에서 근무하는 군인이나 나름대로 힘든 건 마찬가지야. 고민이라는 건 남이 볼 때는 아무리 작아 보여도 당사자에게는 정말로 큰 짐일 수가 있다는 거지.”

"근데 가끔 아저씨한테 깜짝 놀랄 때가 있어요. 두서없긴 하지만 책도 안 읽는다면서 이렇게 멋진 말씀 하실 때요. 흐흐. 아무튼 혜연이는 뭐가 그리 좋은지 항상 덧니를 드러내며 헤헤 웃고 다녀서 참 보기 좋아요.”

"그렇긴 하지. 근데 혜연이가 항상 밝아 보여도 한 성질 하는 건 알지? 사람들은 누구나 남들이 잘 모르는 모습을 가지고 있어. 혜연이도 가끔은 세상의 모든 고민을 혼자 떠안은 듯한 표정을 짓고 있을 때가 있더라고.”

"그렇구나….”

"그리고 내가 책을 안 읽는 건, 먹고 살기 어려워서 글을 제대로 못 배웠기 때문이지 머리가 나빠서가 아니야. 나도 돈 많은 집에서 태어났으면 대학도 가고 유학도 갔을 거라고."

"에이, 아무리 어렵게 살았어도 조금만 노력했으면 글은 배울 수 있었잖아요. 노력도 안 해보시고 괜한 핑계를 대세요. 그리고 이젠 돈 좀 버셨으니까 글도 배우고 하세요."

"이 자슥이… 장사하느라 바빠 죽겠는데 언제 글을 배우고 앉아 있냐?"

"따로 배울 생각하지 마시고 쉬운 책부터 읽다 보면 저절로 읽기 실력이 늘 거예요."

"알아, 알아. 나중에 좀 여유가 생기면 하려고 했어."

"나중에 언제 하시려고요. 제가 내일 아저씨 수준에 맞는 책 한 권 가져올게요. 내일부터 당장 시작하세요. 대신에 빨리 이 가게 키워서 저 지점장으로 만들어 주세요. 꼭이요."

"지점까지 낼 수 있다면 지점장이 아니라 본부장도 시켜주마. 그래도 너처럼 대학까지 다닌 놈이 이런 거 해도 괜찮겠냐? 지금은 네가 별 상관없다고 생각하겠지만 살다 보면 그게 아니다."

"요즘 직업에 귀천이 어디 있어요. 돈만 잘 벌면 장땡이지."

"그래도 사람은 자기한테 맞는 일을 해야 된다. 겨우 스물다섯 밖에 안된 놈이 벌써 다른 거 안 되니까 이거라도 해 보자는 마음으로 살면 어쩌냐."

"아, 오늘 명언도 많이 하시고 잔소리도 많이 하시네. 호호. 저도 꿈이 아예 없는 건 아니라고요."

"야, 너 잠깐 화장실로 따라와라. 흐흐."

우락부락한 주인아저씨가 웃으며 장난을 걸어온다. 손님들이 어느 정도 빠지는 새벽 1시가 넘어가면 아저씨와 나는 서로 피로를 잊으려 이런 식으로 장난을 친다. 그때였다.

"Oh, Hi. This is Jiwan." 어, 안녕하세요. 저 지완입니다.

어디선가 서양인의 목소리가 들려온다. 어딘가 둔탁한 발음. 내가 얼마나 알겠느냐마는 미국인 발음도 한국인 발음도 아닌 것 같았다. 나는 반사적으로 목소리가 들리는 쪽을 돌아보았다.

'독일인인가? 영어 같긴 한데….'

하지만 가게 안에 외국인은 없다. 전화통을 붙들고 있는 사람은 단 한 명. 한 30대 직장인이 전화에 대고 영어로 나불거리고 있었다.

'뭐야, 이 새벽에 영어로 통화하고. 잘난 척하기는.'

지난 1년간 아르바이트를 하면서 딱 두 번 영어로 나불대는 손님을 맞이한 적이 있다. 여기는 어떻게 알고 왔는지 둘이서 신 나게 영어로 떠들었다. 그러다가 막히면 한국말로 하고. 뭐 그렇게 실력이 좋아 보이지는 않았는데, 술김에 잘난 척하는 것 같아서 심기가 매우 불편했던 기억이 있다.

특히 나를 자극했던 것은 유학시절 얘기, 어학연수 갔던 얘기를 하면서 외국생활의 추억에 젖어 있던 모습이다. 어학연수 비용이 부담스러워 갈지 말지를 고민하던 친구조차 부러웠던 나로서는 그런 모습이 좋게 보일 리 없었다. 내 인생에서 어학연수는 있을 수 없는 일이니까.

"What are you talking about?" 무슨 소리 하는 거예요?

뭔가 잘 풀리지 않는 듯한 표정의 그는 계속 심각하게 영어로 구시렁대고 있었다.

'뭐 하는 사람일까? 근처 어학원 강사인가?'

나의 호기심이 발동하기 시작하면서 그 사람의 얼굴을 자세히 관찰하기 시작했다. 가게로 들어오는 사람의 얼굴만 봐도 이 사람이 술꼬장을 부릴 사람인지 아닌지를 구분할 수 있는 내 능력을 써먹을 기회가 왔다. 여기서 일하면서 가게로 들어오는 손님들의 얼굴을 무조건 관찰하는 버릇까지 생겼다.

'차림새로 보아하니 있는 집 자식 같은데… 나이는 많지 않아 보이는데 명품시계랑 고급스러운 코트도 걸치고 있고… 부모 잘 만나서 외국물 좀 먹고 놀다가 한국에 들어왔나 보군. 그런데 이런 데 오는 걸 보니 외국물 먹은 날라리치고는 수수하게 노네.'

"No. It doesn't make sense at all." 아니에요. 그건 전혀 말이 되지 않아요.

계속 영어로 통화하는 그를 보면서 나는 매우 심기가 불편했다. 그런 나의 표정을 읽은 주인아저씨는 기다렸다는 듯이 나에게 한마디 한다.

"저 손님이 마음에 안 드나 보다?"

"네? 티 났어요?"

"저분이 영어로 말할 때 네가 구시렁대는 걸 봤지. 넌 대학도 다니면서 저렇게 영어 못 하냐?"

"대학 다닌다고 다 저렇게 하는 거 아니에요. 저 정도 하려면 외국물 좀 오래 먹어야 해요. 저처럼 외국물 못 먹어 본 사람은 죽었다 깨나도 저렇게 못 해요. 잘 알지도 못하시면서…."

"그래? 난 대학 근처도 못 가봐서 대학생들은 다 저럴 줄 알았지."

"저도 외국 나갔다 오면 저렇게 할 수 있어요. 돈이 없어서 못 하는 거지 능력이 없어서 못 하는 게 아니라니까요."

"그 말, 아까 내가 누구한테 했던 말이랑 비슷하다. 그놈이 나한테 뭐라고 대꾸했더라? 비겁한 변명 하지 말라고 했던 것 같은데. 호호호."

"어쨌거나 배운 건 배운 거고, 괜히 영어로 말하면서 잘난 척 하는 건 좀 아니잖아요."

"잘난 척은 아닌 것 같은데? 저번에 보니까 영어학원 선생 같더라고. 학원가 근처에서 몇 번 봤어."

"무슨 어학원이 새벽 1시에 끝나요. 그리고 어학원 강사는 저렇게 정장 입고 다니지 않아요. 아마 무역회사나 다니는 사람이겠죠. 혼자 다니는 걸 보니 왕따가 분명해요. 저렇게 잘난 척을 하니까 혼자 야근하다가 쓸쓸하게 술 먹으러 오는 걸 거예요. 한국에 살면 한국말로 할 것이지 왜 영어를 한대요?"

마치 차가운 도시 남자인 양 영어로 통화하면서 소주 한 잔을 들이켜고 깍두기를 씹는 그를 바라보던 나는 나도 모르게 피식 웃어버렸다. 그리고 나의 '썩은 미소'를 느꼈는지 그는 통화를 끝내자마자 나에게 말을 건넨다.

"여기 물 좀 주세요."

"네, 알겠습니다."

"혹시 대학생이세요?"

물을 테이블에 내려놓은 나에게 그가 불쑥 묻는다.

"맞는데요."

나는 말을 튼 김에 그의 직업을 확인하기로 했다.

"영어를 굉장히 잘하시네요. 무역회사 다니시나 봐요?"

"아니요. 어학원에 다녀요."

"학원 선생님이세요?"

주인아저씨가 끼어들었다.

"네… 사실 정확하게 말하면 학원 원장입니다."

"오호. 젊어 보이는데 학원 원장님이시라고요?"

"네. 학원 원장치고는 제가 좀 어리죠."

"그러게요. 서른 정도로 밖에는 안 보이는데 저 큰 학원 원장님이라니 대단하시네요."

"아닙니다. 제 학원은 옆에 있는 작은 학원이에요. 몇 년 내로 저렇게 큰 학원으로 키울 겁니다."

"이야, 포부가 크시군요. 그건 그렇고, 그 학원에 다니면 정말 영어를 잘할 수 있어요?"

"네. 물론입니다. 다만 제가 안내하는 대로 열심히 하셔야죠."

"다들 그렇게 말하던데요. 열심히만 하면 뭔들 못하겠어요? 누구나 쉽게 할 수 있어야죠."

그럼 그렇지 하는 표정으로 내가 불쑥 끼어들었다.

"하하. 그렇죠. 사실 영어를 배우는 방법은 많습니다만 말씀하신 것처럼 사람들이 쉽고 효과적으로 배우는 방법은 많지 않다는 게 가장 큰 문제입니다. 방법이 어려우면 꾸준하게 열심히 하기 어렵고, 잘못된 방법으로 배우면 아무리 열심히 해도 실력이 늘지 않으니까요. 그래서 저는 누구나 '나도 할 수 있겠다'라는 마음을 먹을 수 있을 만큼 쉽고 단순하게 영어의 원리를 가르칩니다."

"어떻게 하는 건데요?"

의구심이 가득한 눈빛으로 내가 되물었다.

"아이들이 말을 배울 때는 절대로 지겹게 공부를 하지 않아요. 호기심과 본능을 바탕으로 놀면서 배웁니다. 그리고 아이들은 굉장히 단순한 방법으로 말을 배웁니다. 반복적으로 엄마가 하는 말을 듣고 따라서 말하죠. 엄마가 아빠를 가리키며 '아빠'라고 여러 번 말하면 아이는 그 소리의 의미를 깨닫게 되고, 자기도 그

소리를 따라 말하면서 말도 하게 되는 겁니다."

"그러면 어른도 그렇게 영어를 배워야 한다는 건가요?"

"그렇죠. 다만 아이와 어른은 상황이 많이 다르므로 똑같이 할 수는 없고 방법을 약간 변형해야 합니다. 하루 종일 선생님과 붙어 있으면서 선생님이 하는 말을 따라 할 수 있는 상황은 안 되니까요."

"어떻게 변형해야 하는데요?"

"우선 쉬운 단어로 만들어진 짧은 문장을 듣고, 큰 소리로 읽으면서 영어의 언어구조를 익히는 거예요. 골치 아프게 문법을 배우거나 단어를 외우는 게 아니라 단순하게 문장 하나하나를 소리 내서 읽다 보면 저절로 영어의 구조를 익힐 수 있어요. 고등학교 때까지 영어를 배운 사람은 기본적으로 아는 단어가 꽤 있으니까 더 빨리 배울 수 있어요. 새로운 단어를 외워야 하는 부담 없이 알고 있는 쉬운 단어만 활용해도 영어의 구조를 완벽하게 익히는 데는 충분하거든요."

"그럼 얘 같은 대학생은 아는 단어가 많으니까 금방 배우겠네요."

주인아저씨가 나에게 어깨동무를 하면서 말했다.

"그럴 수도 있고 아닐 수도 있어요. 기본적인 영어실력과는 상관없이 반년 만에 원어민과 의사소통을 할 수 있는 수준에 오르는 사람이 있는가 하면, 1년 넘게 해도 영어로 쉬운 말 한마디 못하는 사람도 많거든요. 스스로 얼마나 열심히 하느냐의 문제인 거죠."

'뭐야. 나한테 하는 말이야?'

순간 뜨끔해진 나는 속으로 생각했다. 초등학교 때부터 10년이 넘게 영어를 배웠지만 영어회화 수업 시간에 원어민 강사 앞에서는 쉬운 말도 선뜻 나오지 않았다. 하지만 그게 내 탓인가. 우리나라 영어교육이 잘못된 것을. 나는 또 속으로 그렇게 핑계를 대본다.

하긴 지금의 나로서는 영어회화 같은 건 사치다. 토익 수업도 따라가기 어려운 마당에 영어회화가 다 뭐란 말이냐. 말은 유창하게 못 해도 좋으니 토익 점수만이라도 잘 나왔으면 싶은 게 지금 내 심정이다.

"그런데 선생님 발음이 약간 이상한 것 같던데요. 제가 잘은 몰라도 다른 선생님들 발음과 비교하면 좀 이상하게 들렸어요."

나는 나한테 대놓고 뭐라고 한 것에 복수하듯 그 남자의 발음을 지적했다.

"하하. 제가 영국에서 살다 와서 영국식 억양이 좀 남아 있어요. 그래도 원어민들은 다 잘 알아듣습니다. 우리가 전라도나 경상도 사투리를 다 알아듣는 것처럼요."

"아, 그렇구나. 아무튼 영어 잘하셔서 부러워요…."

머쓱해진 나는 말꼬리를 흐렸다.

"아무튼 반갑습니다. 여기 종종 오는데 처음으로 대화를 나눴네요. 다음에 또 뵈어요."
"네, 안녕히 가세요."
"태우야."
계산을 마치고 손님을 배웅한 나를 주인아저씨가 불렀다.
"네?"
"다음에 저 손님 또 오면 영어 좀 가르쳐달라고 부탁해 봐."
"뭐라고요? 가게 손님한테 부탁하면 민망하잖아요. 그리고 돈 주면 영어 가르쳐줄 사람이 널렸어요. 저 지금 영어학원에 잘 다니고 있으니까 그런 말 마세요."
나는 영어학원에서 아르바이트하면서 수업을 청강하고 있다는 말은 차마 주인아저씨에게 하지 못했다.
"아냐. 살다 보면 원래 뜻하지 않은 사람한테 가르침도 받고 그러는 거야. 나도 옛날에 모시던 형님이 험한 꼴 당하는 거 보고 지금 이렇게 살고 있는 거 아니냐. 마음을 열어봐라. 너 자신의 부족한 점을 깨닫고 겸손하게 인정하면 누구나 네 선생님이 될 수 있는 거야."
"알겠어요. 제가 알아서 할게요."
일단 주인아저씨 말은 대충 넘겼지만 틀린 말은 아닌 것 같았다. 나도 종종 손님들을 보면서 '저렇게 살지 말아야지' 하거나 '나만 힘들게 사는 건 아니구나' 생각했던 적이 있으니까. 그렇다면 나도 마음을 열면 나를 이끌어줄 멘토를 만날 수 있는 것일까? 단지 그동안 내가 마음의 문을 열지 않아서 멘토를 만날 수 없었던 것일까? 이런 생각을 하다 보니 당장에라도 나의 멘토가 성공 포차의 문을 열고 들어올 것만 같은 기대감에 가슴이 뛰었다.

A MEMO from your MENTO

20대 초반의 저 김지완은 어떻게 해서든지 성공하는 방법, 행복해지는 방법, 사람답게 사는 방법을 배우기 위해 몸부림쳤던 것 같습니다. 하지만 스무 살의 저는 이런 것들을 이루기 위해서 무엇을 해야 하는지, 어떤 노력과 준비가 필요한지 전혀 알지 못했죠. 저에게는 멘토mentor가 필요했고 그래서 멘토를 찾아 여기저기 헤매고 다녔었습니다. 한번은 멘토를 만나기 위해 내비게이션에도 입력되어 있지 않은 먼 산속 오두막집을 찾아갔던 적도 있었지요. 물론 이런 노력은 제 삶의 원동력이 된 훌륭한 멘토들을 만나게 해주었고 열정적으로 꿈을 펼치는 30대 사업가의 모습으로 저를 이끌어 주었습니다.

이 책의 주인공의 실제 모델인 저의 멘티mentee 태우가 저를 만나게 된 것도 이와 별반 다르지 않습니다. 물론 산속 오두막이 아닌 인터넷을 통해 만났지만요. 태우를 처음 만났을 당시 저는 인터넷 카페를 통해 영어학습자들에게 멘토링을 하고 있었습니다. 16주짜리 영어학습 미션을 주고 학습자들이 매주 올리는 결과물에 제가 피드백을 주는 방식으로 멘토링을 진행했지만 대부분 학습자들은 첫 1주차에는 엄청난 열정을 보이다가도 3~4주차 정도에 접어들면 금세 시들해졌고, 결국에는 미션을 포기하곤 했습니다.

하지만 태우는 달랐습니다. 영어실력은 보잘것없는 수준이었지만 소소한 미션 하나하나까지도 제가 기대했던 이상의 열정으로 미션을 완수했죠. 그리고 결국 16주 동안 정말 식지 않는 열정으로 모든 미션을 끝낸 태우는 제게 이런 쪽지를 보내왔습니다. "김지완 선생님 정말 감사해요! 지난 16주간 영어실력이 많이 향상되었어요! 제가 다음 달에 대구에서 서울로 올라가는데 혹시 한번 뵐 수 없을까요?" 이때 저는 태우와 만나는 조건으로 다음과 같은 추가 미션을 주었습니다. "영화 〈제리 맥과이어〉의 톰 크루즈가 하는 대사를 완벽한 발음과 억양으로 성대모사 해서 카페에 올리면 만나겠습니다." 결과는 어땠을까요? 태우는 놀랍게도 톰 크루즈의 대사를 아예 달달 외워서 나타났습니다. 그리고 그때부터 더 깊고 진지한 멘토링이 시작되었죠.

사실 저는 멘토링을 해 주는 대가로 태우의 간절한 마음을 보고 싶었습니다. 그리고 저의 멘토들도 마찬가지였지요. 저는 멘토를 찾기 위해 이 산 저 산을 헤매는 열정을, 영어초보자였던 태우는 미국영화 한 편 달달 외우기라는 노력을 멘토에게 대가로 치른 것입니다.

당신은 멘토에게 이런 열정이나 노력을 보여 줄 의지가 있나요? 그렇다면 오늘부터라도 주변을 다시 둘러보기 바랍니다. 멘토는 배우려는 의지가 있고 노력과 열정이라는 대가를 기꺼이 치를 마음이 있는 사람에게만 나타나기 때문입니다.

2 번째 만남

영어를 잘하고 싶다면 토익공부는 절대로 하지 마

"혜연아. 다리는 괜찮아?"

"어, 괜찮아. 종종 있는 일이라서. 헤헤."

"어학연수 준비는 잘 돼 가?"

"응, 그럭저럭. 근데 아무리 학원에 가도 좀처럼 실력이 안 늘어. 생각보다 잘 안 되더라고. 열심히 한다고 하는데…. 이 영어 실력으로 어학연수 가서 살아남을 수 있을지 모르겠어."

"어차피 배우러 가는 거잖아. 영어 때문에 너무 걱정하지 마."

"아무리 그래도 가서 밥은 먹고 살아야 할 거 아냐? 슈퍼에 가서 한마디도 못하면 어떻게 해? 그리고 어떤 선생님한테 들었는데 어학연수의 효과를 높이려면 가서 영어 배울 생각하지 말고 혼자 연습한 영어를 가서 써먹을 생각을 하래. 그 말도 맞는 거 같아. 아휴, 하다 보면 길이 보이겠지. 누구는 뭐 처음부터 잘했겠어. 아무튼 나 빨리 가봐야 해. 내일 봐, 오빠."

'짜식. 이 바쁜 와중에도 할 말은 조곤조곤 다 하고 가네. 역시 긍정적인 마인드는 최고란 말이야.'

뚜렷한 목표가 있고, 그 목표를 달성하려고 하는 의지에 가득 찬 혜연이의 모습을 보면서 나는 정말 부러웠다. 어학연수를 갈 수 있는 환경에 대한 부러움인지, 혜연이 특유의 긍정적인 마인드에 대한 부러움인지는 잘 모르겠다. 어쩌면 그냥 내 현실에 대한 불만일 수도 있다. 나는 이런저런 생각을 하다가 주인아저씨 도울 준비를 했다.

"안녕하세요. 소주 하나랑 계란말이 하나 주세요."

어제 그 김지완 씨였다.

"안녕하세요? 계란말이 좋아하시나 봐요?"

"네. 여기 계란말이 정말 맛있어요. 예전에 계란만 먹고 산 적이 있어서 한동안 계란은 쳐다보기도 싫었는데 여기 계란말이는 정말 일품이네요."

"사실 여기 음식 대부분은 냉동식품을 조리만 해서 내놓는 건데, 계란말이 딱 하나만 주인아저씨가 직접 요리하시는 거예요.

우리 성공포차의 자랑이죠."

나는 마치 내 가게인 양 어깨까지 으쓱하면서 말했다.

"그런 것 같네요. 참, 지난번에 대학생이라고 했었죠? 이렇게 늦게까지 일하면서 공부하느라 힘들겠어요."

"취직할 때까진 어쩔 수 없죠 뭐. 토익 점수나 빨리 잘 나왔으면 좋겠어요."

"토익은 몇 점을 받아야 하는데요?"

"높으면 높을수록 좋지요. 명문대 공대 다니는 친구 놈은 700점인가만 넘으면 대기업에 취직할 수 있는 최소한의 기준은 채운다는데, 저처럼 2류 대학 문과대에 다니는 놈은 만점을 받아도 시원찮을 거예요. 토익 점수만 잘 나온다고 해결되는 것도 아니고…."

내가 푸념하듯 말하자 그는 재빨리 다음 질문으로 넘어갔다.

"스피킹은 어때요? 스피킹 시험도 많이 보던데."

"요즘엔 스피킹 시험 준비하는 애들도 많죠. 토익 하나만으로는 경쟁력이 없으니까 이것저것 해요."

"스피킹 시험이나 토익만 준비해서는 회사에 취직한 이후에는 별로 도움이 안 될 텐데요."

"그렇긴 한데 토익 점수가 제일 급해서 다른 건 신경 쓸 형편이 못돼요. 일단 취직이 되어야 뭐라도 할 수 있지 취직이 안 되면 아무것도 쓸모가 없잖아요. 뒷일은 나중에 걱정하자는 거죠."

"그럼, 한번에 영어회화도 잘하고 토익 점수도 올리는 방법이 있다면 어떨까요?"

나는 솔깃한 그의 말에 귀를 펄럭이며 대답했다. 그런 방법이 있다면 내가 먼저 하고 싶다.

"그렇게 한 방에 해결할 수 있다면 최고죠. 근데 그런 방법이 있나요?"

"물론 있죠. 영어로 유창하게 대화하는 수준에 오르면 되지 않겠어요? 어차피 토익이나 스피킹 시험이라는 게 영어를 모국어로 쓰지 않는 사람들의 영어실력을 평가하는 것이기 때문에 회화에 능통한 사람이라면 따로 시험준비를 하지 않아도 당연히 시험을 잘 보겠죠. 그런데 다들 토익 점수 때문에 영어공부가 아니라 시험공부만 하니까 영어가 절대로 늘지 않는 것이고 토익 점수도 오르지 않는 거에요."

"무슨 말씀이신지는 알겠는데, 그게 그렇게 간단한 문제는 아닌 것 같아요. 영어회화를 그만큼 잘하기가 쉽지 않기 때문에 일단은 사람들이 토익에 목을 매는 게 아니겠어요?"

"물론 그렇게 쉬운 일은 아니에요. 하지만 근본적인 문제점은 무엇이며 해결책은 무엇인지 잘 생각해 보세요. 태우 씨가 말한 대로 영어회화 실력이 잘 늘지 않기 때문에 회화는 포기하고 토익 공부만 하는 사람이 토익 점수라고 팍팍 올릴 수 있을까요? 그리고 지금처럼 점수 올리는 요령만 연습하고 시험문제에 자주 출

제되는 문법만 달달 외우는 사람이 영어를 잘하게 될까요? 제가 안타까운 건 많은 사람들이 근본적인 해결책은 멀리하고 손쉬운 요령에만 집중하느라 중요한 시간을 낭비한다는 거에요. 솔직히 저는 대부분 수험생들이 지금 시험공부를 할 때가 아니라 말하기와 듣기 연습을 해야 할 때라고 봅니다."

"맞는 말이긴 한데 회화를 잘하려면 어학연수라도 갔다 와야 하잖아요. 학원은 백날 다녀봤자 아무 소용도 없고. 저는 어학연수를 갈 형편이 못돼요. 그러니까 토익 점수에라도 목을 매는 거죠. 선생님도 영국에 살다 왔다면서요. 솔직히 그래서 영어가 유창한 거 아니에요?"

"네. 저는 중고등학교를 영국에서 나왔고 대학은 미국에서 다녔어요."

"그것 봐요. 그러니까 영어를 그렇게 잘하시죠."

"하지만 한국에서 공부해도 영어를 잘하는 사람은 많아요."

"그건 소수의 잘난 사람들이잖아요. 머리가 좋으니까 그렇게 됐겠죠. 저처럼 평범한 사람들은 외국에서 연수라도 해야 겨우 몇 마디 배울 수 있다니까요."

"완전히 틀린 말은 아니에요. 하지만 저는 오랫동안 외국에 살면서 5년이 넘게 미국에 살아도 영어를 못하는 사람들을 자주 봤어요. 반대로 외국에 한 번도 가보지 않고서도 원어민만큼 영어를 잘하는 사람들도 자주 봤죠. 영어 잘하는 사람들을 보면 영어

실력을 결정하는 것은 머리나 재능이 아니라는 것을 알 수 있어요. 아무리 공부를 못해도 영어를 잘하는 사람들은 있거든요. 한국인이라면 머리가 좋고 나쁨을 떠나서 누구나 우리말을 잘하는 것과 같은 이치죠."

맞는 말이지만 나는 김지완 씨의 논리에 지지 않기 위해 다른 카드를 꺼냈다.

"그렇다 해도 어학연수나 유학이 좀더 효과적이라는 건 사실이지 않나요? 제 친구도 어학연수 6개월 정도 다녀오더니 영어가 확 늘었더라고요."

"그 친구는 영어를 얼마나 잘하나요?"

날카로운 질문을 던진 그에게 나는 변명하듯 대답했다.

"아주 잘하는 건 아니지만… 겨우 6개월 갔다 온 것치고는 많이 늘었죠. 한국에서 몇 년 한 것보다 훨씬 효과가 좋던데요."

소주 한 잔을 쭉 들이켠 그가 내 대답에 이어 말했다. 뭔가 엄청난 것을 가르쳐주기 전의 눈빛이었다

"6개월 갔다 온 것치고는 많이 늘었다라… 그러면 그 친구는 앞으로도 영어 걱정 없이 살 수 있을까요?"

"앞으로도 영어공부는 계속해야겠죠. 취직되고 나면 승진도 해야 하고 아무튼 이래저래 영어는 계속 공부해야 하니까요."

"그러면 앞으로는 어떻게 될까요? 어학연수를 계속 가기는 어려울 텐데, 이제 그 친구 영어실력은 더는 향상되지 않겠네요?"

"그래도 일단 어느 정도의 수준에 오르긴 했으니까 많은 도움이 되겠죠. 꾸준히만 공부한다면요."

"확실히 어학연수는 효과가 있습니다. 태우 씨 말이 맞아요. 하지만 단점도 많이 있죠. 그리고 무엇보다 어학연수의 효과에는 태우 씨가 알지 못하는 비밀이 숨어 있어요."

"비밀이요?"

"네. 우선 사람들이 영어를 못하는 3가지 이유를 말해 줄게요. 첫 번째 이유는 '마인드'입니다. 영어에 대한 관심과 배우려는 의지 그리고 실천력과 관련된 거예요. 두 번째 이유는 '연습방법'입니다. 실제로 소리 내서 말하는 것과 관련된 거죠. 세 번째 이유는 '훈련 프로그램'입니다. 영어를 지속적이고 효율적으로 배울 수 있게 해 주는 것과 관련된 겁니다."

"마인드, 연습방법, 훈련 프로그램이요?"

"네. 하나씩 자세하게 설명해 줄게요. 우선 '마인드'의 문제예요. 어린아이들은 본능적으로 말을 배우려 하고 그 과정을 재미있어해요. 하지만 성인은 그렇지 않아요. 필요성을 못 느끼는 것은 아니지만 아주 절실하지도 않죠. 그래서 확고한 목표의식 없이 뜬구름 잡듯 영어를 배워요. 그래서 능률도 오르지 않고 쉽게 포기하죠. 영어를 잘하려면 확고한 목표의식이 있거나 영어가 자신의 취미가 되어야 해요. 이런저런 핑계로 대충 하면 결코 영어를 잘할 수 없습니다."

"그런 것 같네요. 저도 수도 없이 시작했다가 포기했거든요."
"다음으로 '연습방법'의 문제예요. 우리말과 영어는 구조가 달라서 이 부분을 확실하게 익혀야 해요. 말하기, 듣기, 읽기, 쓰기의 모든 영역에 반드시 필요하죠. 그래서 문법을 배우는 것은 매우 중요해요. 그런데 문제는 글로 문법을 배우기 때문에 말하기, 듣기를 할 때는 열심히 배운 문법이 전혀 도움이 안 되는 거예요."
"문법을 글로 보지 않으면 어떻게 배워요?"
"설명이랑 예문은 글로 보는 게 아니에요. 예문은 입에 붙을 때까지 소리 내서 말해 봐야 하고, 문법 설명은 예문이 입에 붙은 후에 정리하는 차원에서 이해하는 거예요. 이론이라는 것은 무언가를 배울 때 반드시 필요하지만 지나치면 너무 어려워져요. 영어도 입과 귀에 익숙해진 다음에 이론 즉, 문법으로 정리해 주면 훨씬 배우기 수월하고 효과적이죠."
진지한 표정의 그는 말을 계속 이어나갔다.
"게다가 말하기, 듣기 실력은 얼마나 많은 문장을 듣고 따라 말했느냐에 따라 결정이 돼요. 단어 하나, 문장 하나를 익혀도 소리 내서 연습해야 하는데, 단어랑 문장을 눈으로 보고 외우려고만 하니까 제대로 알아듣지도, 말하지도 못하는 거죠.
"맞아요. 문법책은 처음 몇 장만 보다가 포기하게 돼요. 지루하고 어려우니까 나중에 지쳐서요."

"특히 중요한 건 이론은 쉽게 잊어버리지만 몸으로 체득한 건 오랫동안 남는다는 거예요. 저도 문법을 배우기는 했지만 사실 잘 기억나지는 않아요. 그래도 자연스럽게 문법적으로 말을 해요."

"그렇군요. 자전거 타는 법을 한 번 배우고 나면 평생 절대로 잊어버리지 않는 것과 같은 이치네요."

"마지막으로 '훈련 프로그램'이에요. 앞서 말한 '마인드'와 '연습방법'을 지속적이고 원활하게 실행할 수 있도록 도와주는 프로그램이 반드시 필요해요. 게다가 이런 프로그램은 시간과 비용도 절약해주죠. 물론 혼자서 이 모든 것을 해결하는 분들도 있지만 대부분은 누군가가 도와주지 않으면 영어를 배우기 어려워요. 혼자서 공부한다는 것은 결코 쉬운 일이 아니거든요."

"도와주는 사람이란 학교나 학원 선생님을 말하는 건가요?"

"도와주는 사람이란 지식을 전달하는 사람이라기보다는 체계적인 훈련 프로그램을 운용해주는 사람을 의미하기 때문에 선생님이 그런 역할을 할 수도 있고, 스터디 그룹을 만들어서 서로 도와줄 수도 있죠."

"하긴 제 친구들을 봐도 스터디 그룹 만들어서 같이 공부를 많이 하더군요. 그러면 이게 아까 말씀하신 제가 보지 못하는 비밀이라는 것과 어떤 연관이 있나요?"

"외국에 나가는 것 자체가 이 3가지 이유를 '어느 정도' 보완해주기 때문에 영어가 금방 는다는 게 그 비밀이에요. 영어를 배우려고 많은 돈을 들여서 외국에 나갔으니 이미 결심, 의지, 실천력은 준비됐을 거예요."

"그렇겠네요."

"그리고 어학연수를 가면 당연히 말을 할 기회가 많아져요. 한국에서와는 달리 글이 아니라 소리 위주로 영어를 연습하게 되니까 제대로 된 연습방법을 실천하게 되는 거죠."

"아…."

"마지막으로, 현지에서 살아남으려면 말을 할 수밖에 없잖아요. 이런 환경적인 조건 때문에 따로 프로그램이 없어도 마인드와 연습방법을 지속할 수 있게 되는 거예요. 결론적으로 외국에 나가니까 무조건 영어실력이 느는 게 아니라, 사실은 자신도 모르게 이 3가지 조건이 충족되기 때문에 영어를 잘하게 된다는 거죠."

"어쨌거나 외국에 나가면 영어가 는다는 소리잖아요. 너무 복잡하게 설명하신 것 같은데."

너무 뻔한 말을 한다는 생각에 나는 퉁명스럽게 말했다. 비밀을 알려준다기에 내가 너무 큰 기대를 했는지도 모른다.

"아니에요. 태우 씨는 외국에 나가면 영어를 잘 배울 수 있다는 현상만 보고 있어요. 조금만 다르게 생각해 보세요. 원인의 핵심을 똑바로 보고, 그 원인을 중심으로 사고의 전환을 해 보세요."

"사고의 전환이요? 무슨 말씀인지…."

의아해하는 나에게 그가 웃으며 말했다.

"어학연수의 효과는 그 3가지 조건이 자연스럽게 충족되기 때문이라고 말했죠? 그렇다면 그 3가지 조건만 충족이 된다면 한국에서도 영어를 잘할 수 있다는 거예요. 실제로 외국 한 번 안 가 보고 영어를 잘하는 사람들은 스스로 그 조건들을 만들어 적용한 거죠."

"아… 그럴 듯하네요."

"혹시 아까 말한 그 친구는 앞으로 어떻게 영어공부를 해야 할지 고민하고 있진 않나요?"

"맞아요. 만날 영어 까먹는다고 난리를 치면서 어학연수를 한 번 더 가고 싶다고 해요."

"그게 어학연수의 최대 단점이지요. 들이는 비용과 시간보다 효과가 오래가지 못해요. 게다가 자기 전공공부나 일을 하면서 어학연수를 가는 것은 불가능하다는 것도 큰 단점이지요."

그는 계속 말을 이어나갔다.

"그리고 실제로 어학연수를 떠나더라도 하루에 영어로 말하는 시간은 얼마 안 돼요. 사교성이 매우 뛰어나지 않은 이상 영어로 말하는 시간을 다 모아봤자 하루에 한두 시간일 거예요. 게다가 외국 생활에 적응하다 보면 초심이 많이 무너지게 마련이죠. 외로움 때문에 한국학생들끼리 어울리게 되기도 하고요. 어학연수 초기에는 매일매일 열심히 공부하겠지만 시간이 지날수록 처음처럼 그렇게 열심히 하기는 어렵다는 거예요."

"그 정도의 시간이라면 한국에서도 충분히 투자할 수 있다는 말이네요? 하지만 말씀하신 대로 국내에서보다는 어학연수를 가는 편이 환경을 만드는 데 더 유리한 것 아닌가요?"

"우리나라에서 그 3가지 이유를 보완하지 못하는 사람은 어학연수를 가도 마찬가지일 거예요. 여기서는 못해도 다른 데서는 잘할 수 있다는 생각은 버리세요. 안에서 새는 바가지는 밖에서도 샌답니다."

"정말 그렇겠네요. 초심을 유지하지 못할 거라면 어학연수가 비용과 시간대비 효율이 낮은 편이네요."

그토록 가고 싶었던 어학연수에 대한 환상이 깨지면서 나는 갑자기 머리가 띵 했다. 그리고 언젠가부터 어학연수를 만병통치약처럼 생각해왔다는 것을 깨달았다. 기분이 이상해졌다. 어학연수가 모든 것을 해결해주지 않는다면, 나에게도 희망이 있지 않을까.

"그러면 어학연수는 갈 필요가 없는 거군요?"

"여건이 된다면야 가도 좋지요. 새로운 세계를 접하고 경험도 쌓을 수 있으니까요. 다만, 무조건 영어가 될 거라는 환상은 버리고, 어학연수를 갈 수 없는 현실을 비관할 필요도 없다는 게 중요해요. 그리고 만약에 어학연수를 가게 된다면 아까 말했던 3가지 조건에 대해 잘 이해해야 하고 그것들을 능동적으로 활용하고자

하는 의지도 필요해요. 어학원에 가서 몇 마디 배우는 게 중요한 건 아니죠."

"저기, 그러면 선생님께서 말씀하시는 한국에서도 할 수 있는 좋은 프로그램이라는 건 뭔가요?"

"음… 그건… 오늘은 늦었으니 다음에 다시 얘기하는 건 어떨까요?"

"아, 네. 아무튼 좋은 말씀 감사합니다. 많은 도움이 되었어요. 영어공부에서도 사고의 전환이 중요하네요."

"오호. 잘 기억해 두었군요. 그럼 다음에 계속 얘기해요."

"네, 안녕히 가세요. 계란말이 맛있게 준비해 두겠습니다."

호기심에 가득 찬 나를 뒤로하고 그는 자리를 떠났다. 아주 희망적인 밤이었다. 하지만 그 호기심은 오래가지 못했다. 대학 졸업을 앞둔 88만 원 세대의 삶은 상상 이상으로 고단하다. 나처럼 아르바이트와 공부를 병행할 수밖에 없는 상황에서는 더 그렇다. 학교에 갔다가 새벽까지 아르바이트하고 지쳐 쓰러져 자는 일상이 반복되다 보면 희망은 금세 사그라진다. 영어공부도 공부지만 점점 무기력해진다는 게 사실은 더 큰 문제다.

김지완 씨가 성공포차에 다시 찾아온 것은 그로부터 한 달쯤 후였다. 웃으며 문을 열고 들어오는 그를 보자 나는 정신이 번쩍 들었다. 그에 대해 까맣게 잊고 있었다는 사실을 그제야 깨달았던 것이다. 아니, 내가 영어를 못하는 3가지 이유에 대해서 잊고 있었다는 표현이 정확할 것이다.

"이 집 계란말이가 진짜 맛있어서, 이 친구까지 데리고 왔어요. 그러니까 오늘은 더 맛있게 만들어 주셔야 해요."

김지완 씨는 함께 온 어떤 남자와 자리를 잡으며 말했다.

"아이고, 당연하죠. 특별히 신경 쓰겠습니다."

주인아저씨는 마치 충성을 맹세하듯이 웃으며 말한다.

"태우 씨, 잘 지냈어요? 제가 요즘 바빠서 오랜만에 왔네요."

"아, 네… 저야 늘 비슷해요…."

내가 엉거주춤하게 옆 자리 남자를 쳐다보자 김지완 씨가 깜빡했다는 듯이 남자를 소개한다.

"이 친구는 나랑 같이 영어 공부하는 학생이에요. 멘티mentee 라고 해야 하나?"

"안녕하세요. 선생님한테 성공포차 얘기를 워낙 많이 들어서 어쩐지 낯설지가 않네요."

"아, 그러세요? 하하…."

나는 어색한 기운을 참지 못해 슬쩍 다른 테이블을 정리하는 척했다.

'내가 왜 이렇게 소심해졌지….'

나 자신이 한심했다. 지난번에 김지완 씨가 다음에 얘기하자고 했던 '한국에서도 할 수 있는 좋은 영어학습 프로그램'에 대해 듣고 싶은데, 아무래도 일행이 있으면 물어보기 어렵겠지.

'계란말이는 먹고 싶은데 내가 물어보면 대답하기 귀찮으니까 일행을 데려온 건가….'

별별 생각이 다 들었다.

"태우야!"

주방 쪽에서 주인아저씨가 나를 찾는 소리가 들린다.

'쓸데없는 생각을 주인아저씨가 마침 멈춰주시는구나. 쩝.'

나는 이상한 안도감을 느끼며 급하게 주방으로 들어갔다.

"계란말이 다 됐으니까 영어학원 원장님한테 갖다 드려라."

"왜 직접 안 가져가시고…."

"내가 가져가도 되지만, 저분이랑 말이라도 한마디 더 터야 너 영어 공부하는 데 보탬이 되지 않겠냐. 그래서 일부러 부른 거다, 인마."

"안 그러셔도 되는데…."

"됐고, 얼른 갖다 드려. 내가 심혈을 기울인 작품인데 식겠다. 식으면 맛없어."

"네…."

"근데 너 갑자기 왜 그렇게 힘이 없어?"

"아니에요."

나는 주인아저씨한테 미안한 마음이 들었다. 주인아저씨가 이렇게까지 신경 써 주시는데 나는 소심한 생각이나 하고 있고… 내가 왜 이렇게 자신감이 없어졌나 착잡했다. 나는 계란말이를 들고 다시 마음을 다잡았다. 한국에서도 할 수 있는 좋은 영어학습 프로그램에 대해 다시 물어봐야지. 대답 안 해 주면 말지 뭐. 밑져야 본전이잖아.

그런데 테이블에는 김지완 씨와 같이 온 남자만 혼자 앉아 통화하고 있었다. 김지완 씨는 화장실에 갔는지 자리에 없다.

'역시 오늘은 힘들겠군.'

나는 단념한 채로 테이블에 다가갔다. 가까이서 들으니 남자는 영어로 대화 중이었다.

'지난번엔 김지완 씨가 그러더니 오늘은 저 남자야? 뭐야, 둘 다 잘난 척하는 것도 아니고 술 마시러 와서 영어로 통화나 하고. 쳇.'

그런데 얼핏 듣긴 했어도 남자의 영어발음이 무척 좋았다. 부러움과 호기심이 뒤섞였지만 내가 할 일은 그 테이블에 계란말이를 내려놓고 오는 것일 뿐. 계란말이를 테이블에 내려놓자 그 남자가 계속 통화를 하면서 눈짓으로는 내게 고맙다는 인사를 한다. 나도 눈인사를 하고 뒤돌아서는데, 남자가 그새 전화를 끊었는지 술을 더 시킨다.

"여기 소주 한 병 더 주세요."

계란말이가 나오기도 전에 기본안주로 소주 한 병을 다 비웠나 보다. 냉장고에서 소주를 꺼내다 주는데 남자가 다시 말을 건다.

"저처럼 김지완 선생님 제자이신 거죠?"

'어휴, 이 사람 잘난 척도 모자라 속까지 뒤집네.'

나는 조금 짜증이 났지만 아닌 척하며 말했다.

"아니에요. 그냥 선생님이 우리 가게에 오셨다가 몇 마디 나눈 게 다예요. 주로 영어공부에 대한 거긴 했지만…."

"아, 그러시군요. 저는 또 저랑 같은 방법으로 공부하고 계신 줄 알고 어느 미션까지 하셨는지 궁금해서 물어본 거였어요."

"미션이요?"

"네, 김지완 선생님이 미션을 주시거든요."

"어떤 건데요?"

"처음 미션은 사람마다 달라요. 저한테 주신 미션은 '혼자 여행 다녀오기'였어요."

"네? 그게 영어랑 무슨 상관이에요?"

"나중에 보니 상관이 있더라고요."

나는 조금 전에 속으로 짜증 냈던 것을 잠시 잊고, 호기심 가득한 눈빛으로 그 남자를 쳐다봤다. 갑자기 너무 궁금해졌다. 김지완 씨 수업을 들은 게 아니고 미션을 했다고? 그러면 저 남자는 김지완 씨가 주는 미션들을 했더니 저렇게 영어를 잘하게 된 건가. 그때 김지완 씨가 자리로 돌아왔다.

"이야, 나 올 때까지 안 먹고 기다린 거야? 이렇게 고마울 수가."

"그럼요. 좋아하신다면서요."

"그런데 어쩌냐. 나 지금 가봐야 할 것 같은데."

"네? 무슨 일 있으세요?"

"어. 집에 일이 있어서. 미안한데 일단 음식이 나왔으니까 이건 먹고 와라."

김지완 씨는 미안한 표정으로 말했다.

"아니에요. 선생님이랑 얘기 좀 하려고 온 건데… 저도 같이 일어나는 게 좋겠어요. 시간도 늦었고요."

"그럴래? 정말 미안하다. 저기요, 죄송한데 일단 계산하겠습니다."

멍하니 서 있던 나에게 김지완 씨가 카드를 내밀며 말했다.

"아, 네."

갑자기 일어나 가버린 둘을 멍하니 바라보던 나는 궁금증만 남기고 떠난 김지완 씨가 왠지 야속하게 느껴졌다.

'자전거를 잘 타는 방법은? 직접 자전거를 타 본다.'
'수영을 잘하는 방법은? 직접 물에 들어가 수영을 해 본다.'
'영어를 잘하는 방법은? 영어를 직접 말해 본다.'

그렇습니다. 영어를 잘하려면 직접 말을 해 봐야 합니다. 물론 많이 듣는 것도 중요하죠. 그런 면에서 많은 사람이 어학연수가 굉장히 효과적일 것으로 생각할 것입니다. 그리고 이 생각은 어느 정도 사실입니다. 아래 국내 어학원과 어학연수의 차이점을 보세요.

구분	구조	하루 동안 말하는 문장의 수
국내 어학원	하루 1시간 수업을 기준으로 보면 첫인사 Hi!와 작별인사 Good bye~의 두 문장은 고정으로 항상 말하고 그 외에 새로운 10개 정도의 문장을 추가로 말하는 구조.	20문장 내외
어학연수	외국이라는 환경이다 보니 살아남기 위해 영어로 말하게 되고, 그러다 보니 내성적인 혹은 영어를 못하는 사람도 꽤 많은 문장을 영어로 말할 수밖에 없는 구조.	100~200 문장

국내 어학원을 갔을 때와 어학연수를 갔을 때 하루 동안 말하는 문장수의 차이에 주목하세요. 최소 10배입니다. 국내에서의 학습과 어학연수의 차이는 다른 데 있는 게 아니라 이렇게 말해 본 문장 수의 차이에 있는 것입니다. 그러므로 기존의 방법으로는 국내에서 10년을 공부해도 어학연수 1년 다녀온 사람을 절대로 이길 수 없습니다.

하지만 국내에서도 하루에 100~200문장 혹은 더 많은 문장을 말해 본다면 어떨까요? 말하기 실력만 놓고 본다면 영어로 직접 말해 본 문장의 수에 따라 국내에서의 학습도 어학연수와 비슷한 혹은 그 이상의 결과를 가져올 수 있다고 확신합니다. 실제로 이런 사례를 수없이 목격했으니까요.

이제부턴 어학연수 하는 사람 이상으로 영어를 많이 말해 보세요. 하루에 200문장 이상씩 말해 보세요. 문장을 달달 외우라는 것도 아니고 새로운 문장으로만 200문장을 말하라는 것도 아닙니다. 어학연수를 가도 매일 새로운 문장을 200개씩 말하는 것은 아니니까요. 알고 있는 짧은 문장 190개에 새로운 문장 10개만 추가해도 좋고 매일 같은 문장을 말해도 좋습니다. 새로운 문장은 외우려고 억지로 애쓰지 말고 익숙해질 때까지 매일 반복하면 됩니다. 단, "내가 직접 영어로 말해 본 영어 문장의 수 = 나의 영어 말하기 실력"이라는 것만 명심하세요.

3
번째 만남

실천하지 않으려면
시작할 필요도 없어

 오늘도 어김없이 아르바이트를 가려고 학교 도서관에 들렀다가 나오는데 과동기들이 삼삼오오 모여 왁자지껄하게 얘기를 하고 있었다. 4학년이 되고부터는 다들 취업준비 하랴, 공부하랴 바빠 이렇게 많은 애들이 모여 있는 건 오랜만에 본다. 한 여자 동기가 내가 내려오는 것을 보자 호들갑을 떨면서 빨리 오라고 손짓을 한다.
 "야 김태우, 빨리 와봐. 니가 제일 늦어, 지금."
 나는 시큰둥한 표정으로 자리에 앉았다.

"무슨 일인데 이렇게 떠들썩해?"

"김윤식 있잖아, 영어 좀 한다고 잘난 척하는 애. 걔가 다산은행에 취업했대. 아직 두 학기나 남았는데."

"교수님들이 조기졸업 시켜주기로 해서 다산은행에서 감사하다고 인사도 받았대."

다른 친구가 끼어들며 말한다.

요즘처럼 취업이 힘든 때에 은행에 합격? 심지어 조기취업이라니…. 모두 부러운 눈치다. 하긴, 평소에는 같은 처지에 서로 격려하면서 공부한다고 해도 누가 어디 들어가고 누구는 떨어지고 이런 소식에 민감할 수밖에 없다. 게다가 생각보다 너무 빠른 시기이기도 하고, 같은 학번 동기 중에는 처음 들려오는 취업소식이니까 더한 것 같다. 나도 이런 소식을 들으니 갑자기 나만 취업이 안 되면 어쩌나 불안한 마음이 들었다. 그리고 하필이면 김윤식이 주인공인 것도 문제다. 김윤식으로 말할 것 같으면, 영어 잘한다고 동네방네 잘난 척을 하고 다녀서 과 동기 사이에서는 이미 재수 없는 애로 찍혔기 때문이다.

"김윤식은 영어 잘하잖아. 그래서 됐나 보지. 나는 바빠서 먼저 가야겠다. 다음에 보자."

나는 아무렇지 않은 척하며 퉁명스럽게 말했다. 그리고 친구들과 더는 얘기하고 싶지 않아져서 발길을 돌렸다. 쟤네들이야 취업이 너무 늦게 될까, 원하는 곳에 못 들어갈까 걱정이겠지만 나는 취업이 아예 안 될지도 모른다는 생각에 대화에 끼는 것조차 민망하기 때문이다.

모든 시간을 취업공부에만 매달려도 취업이 될까 말까 한 상황이지만 난 지금 서둘러 아르바이트를 두 탕이나 뛰러 가야 한다. 지하철역 계단을 내려가는데 갑자기 눈물이 난다. 스스로도 당황스러웠다. 진짜 내가 왜 이렇게 약해졌는지, 내 인생이 어디서부터 꼬인 건지 정말이지 모르겠다.

그날부터 나는 김지완 씨를 기다렸다. 학원 알바를 하면서 청강하는 수업만으로는 토익 점수는 도저히 오를 기미가 보이지 않았기 때문이다. 이번에 오면 눈치 볼 것 없이 무조건 들이대리라 다짐하고 또 다짐했다. 그런데 제자와 함께 성공포차를 다녀간 지 일주일이 넘도록 그는 나타나지 않는다. 나의 기다림은 더욱 간절해만 갔다. 이럴 바엔 김지완 씨를 찾아가 봐야겠다는 생각도 들었다. 조금 부끄럽기는 하지만 어차피 토익 학원에 다니는 것 외에는 할 수 있는 게 없는 나로서는 밑져야 본전이다.

'그래. 한번 해 보자.'

나는 굳게 결심했다. 그리고 중간고사 때문에 학교 수업이 휴강하던 날 김지완 씨의 학원으로 찾아갔다. 못 만나면 일단 그의 전화번호라도 받아낼 생각이었다.

"저… 김지완 선생님 좀 뵈러 왔는데요."

"지금 원장님 안 계신대요."

직원이 대답했다.

"언제쯤 오실까요?"

"글쎄요. 요즘 개인적인 일로 바쁘셔서 정확하게는 말씀드리기 어렵네요."

전화번호를 물어봐야 하는데 남에게 무언가를 부탁하는 것에 익숙하지 않은 나는 막상 쉽게 입이 떨어지지 않는다. 침을 꿀꺽 삼키고 용기 내어 말했다.

"그럼 전화번호라도 알려주실 수 있나요?"

"죄송하지만 그건 곤란한데요."

어쩔 수 없다. 일단 오늘은 돌아가자. 크게 마음먹고 실행한 일이 잘 풀리지 않자 실망감은 몇 배 더 컸다. 그래도 다시 용기를 내어 그 후로도 학원에 서너 번 더 찾아갔지만 뭐가 그리도 바쁜 건지 김지완 씨는 만날 수가 없었다. 이제는 민망함에 더 찾아가지도 못하겠다. 이제나저제나 김지완 씨가 성공포차에 들를까 기다렸지만, 그는 오지 않았다. 예전에도 한 달 가까이 성공포차에 오지 않은 적이 있지만, 그때와 지금의 내 마음은 정말 다르다.

'안 되는 놈은 끝까지 안 되는 건가….'

어찌 생각하면 김지완 씨를 만났다 하더라도 헛수고였을 수 있다. 그가 말한 방법이란 그저 그런 것이었을지도 모른다. 장사꾼처럼 자기 학원이나 다니라고 꾀었을 수도 있다. 제자라는 남자도 단순히 자기 영어실력 자랑하고 싶어서 미션이니 뭐니 말

을 걸었을 것이다. 나는 그냥 속 편하게 이렇게 생각해버리기로 했다.

하지만 무언가를 해 보겠다고 노력했던 나의 모습이 스스로 기특했기에 실망감이 더욱 컸다. 너무나 절박한 마음으로 매일 기도도 했었다. 이렇게 적극적으로 행동을 취해본 것은 거의 처음이었다.

다시 모든 것이 원점으로 돌아갔다. 학교, 학원, 성공포차의 쳇바퀴 도는 피곤한 일상 속으로 이 실망감마저 묻히고 있던 어느 날 새벽, 드르륵 소리와 함께 성공포차의 문이 열렸다.

"안녕하세요? 여기 소주 한 병이랑 계란말이요."

익숙한 목소리의 그는 김지완 씨였다.

"오랜만이시네요."

약간의 억울함과 반가움, 원망 같은 것이 교차했다. 나는 복잡한 감정으로 어색하게 미소 지으며 인사를 건넸다.

"아, 네. 오랜만입니다. 한동안 개인적인 일로 많이 바빴거든요. 근데 혹시 전에 저희 학원으로 찾아오셨었나요?"

"네. 그랬어요. 기억하실지 모르겠는데…."

나는 원망 섞인 눈으로 그를 보며 말했다.

"지난번에 영어 잘하는 법을 알려주신다고 하고는 한동안 들르지 않으시길래… 마침 제가 다니는 토익학원이랑 가깝기도 하고 해서 찾아갔습니다."

"아, 그러셨구나. 죄송해서 이걸 어째요. 저희 직원이 태우 씨가 몇 번 찾아왔었고 전화번호도 남겼다고 하더라고요. 근데 그 직원이 실수로 메모지를 버려서 제가 연락을 못 드렸어요. 그렇다고 성공포차에 들를 시간은 또 안 되고… 정말 죄송합니다."

'메모지를 버렸다고? 그걸 믿으라는 건가.'

나는 좀 삐딱해져서 딱딱한 투로 말했다.

"아닙니다. 바쁘실 텐데 신경 써주셔서 감사할 따름이죠."

"저희 아버지께서 하시는 사업을 도와드리느라 바빴어요. 아버지 사업 때문에 고민이 많아서 여기에 종종 들러 혼자 생각을 정리하곤 했는데, 이젠 잘 해결이 됐습니다. 오늘은 홀가분하게 한잔하려고 왔어요. 연락 기다렸을 텐데 다시 한 번 죄송합니다."

김지완 씨가 정말 미안한 듯이 거듭 사과를 하는 통에 내가 너무 삐딱하게 굴었나 싶어 슬쩍 머쓱해지는 찰나였다.

"아이고, 그러셨군요. 선생님 개인 사업도 바쁘실 텐데 아버님 사업까지 챙기느라 정말 바쁘셨겠어요."

꺼내온 소주 한 병을 테이블에 내려놓으며 주인아저씨가 말했다. 굿 타이밍이다.

"아니에요. 남도 아니고 우리 가족을 위한 건데요, 뭘. 오히려 태우 씨가 더 대단하던 걸요. 종종 학생들을 만날 기회가 생기는데 그때마다 태우 씨한테처럼 영어학습법에 대해 말해줘요. 그래도 태우 씨처럼 실천 의지를 보이는 사람은 정말 별로 없거든요."

"그럼요. 우리 태우가 참 대단하죠. 공부만 하기도 벅찰 텐데 밤새서 일하고. 정말 열심히 사는 친구예요. 누가 옆에서 조금만 도와주면 크게 성공할 거예요. 허허."

"대단하네요. 태우 씨, 우리 지난번에 어디까지 얘기했었죠?"

주인아저씨는 바로 지금이라는 듯이 나에게 눈짓을 보낸다. 어서 영어 학습법에 대해 물어보라는 신호겠지. 저도 같은 생각이에요. 아저씨, 고맙습니다!

"제가 영어를 못하는 3가지 이유에 대해 말씀해주셨어요."

나는 기쁜 마음을 잠시 접어두고 김지완 선생님의 말을 경청할 준비를 했다. 얼마나 기다려왔던 순간인가.

"그렇군요."

소주 한 잔을 들이켜며 그가 말했다.

"태우 씨처럼 목표를 위해 계속 도전하는 마인드를 가진 사람은 반드시 성공할 수 있을 겁니다."

"정말 그럴 수 있을까요?"

나는 반드시 성공하고 말겠다고 다짐했다.

"네. 저는 이러한 마인드를 Do! Do! Do! 정신이라고 부릅니다. 영어공부뿐만 아니라 무얼 하든지 간에 이 정신이 굉장히 중요해요. 저도 제 학원을 갖기 전까지 수많은 어려움이 있었는데, Do! Do! Do! 정신으로 모든 어려움을 극복할 수 있었어요."

"아, 그러세요? 사실 저는 부모님의 지원으로 학원을 차린 게 아닐까 생각했어요."

"하하. 그렇게 생각할 수도 있죠. 하지만 저는 학원강사를 시작할 때부터 순탄치 못했어요. 외국 생활을 오래 했지만 대학도 졸업하지 못했고, 학원강사가 되고자 생각해 본 적도 없는 상태에서 그저 돈을 벌기 위해 무작정 덤벼들었거든요. 학원 원장님들이 이렇게 대책 없는 사람을 무턱대고 채용하지는 않으니까요."

"그래도 외국에서 오랫동안 살다 오셨기 때문에 그다지 어렵지는 않았을 것 같아요."

"외국생활을 했다는 것이 처음 취업할 때 도움이 되긴 했을 거예요. 그건 사실입니다. 하지만 당시에 저는 한 번도 영어를 가르쳐본 경험이 없었어요. 학원강사가 어떤 직업인지, 어떤 조건이 필요한지도 모르는 상황이었죠. 단지 빨리 돈을 벌어야 했기 때문에 일단 들이댔던 것인데, 만약에 이런저런 생각으로 머뭇거렸다면 나 같은 애는 안 뽑아 주겠지 하는 생각에 지원조차 하지 못했을 거예요."

"그러셨군요…."

"그리고 군대 시절에 책을 내고 싶어서 출판사에 원고를 보냈을 때도 그랬어요. 인테리어 비용은커녕 임대료도 턱없이 부족한 상황에서 학원을 차렸을 때도 Do! Do! Do! 정신으로 모든 두려움과 걱정을 날려버리고 실행할 수 있었지요. 영어도 마찬가지예요. 영어를 배우겠다는 확고한 의지와 끊임없이 도전하는 마인드가 기본적으로 필요합니다."

"무슨 말씀인지 알 것 같아요. 저도 영어실력이 필요하기는 하지만 하려는 의지가 부족하다 보니까 계속 포기하게 되더라고요. Do! Do! Do! 정신으로 무장하기가 쉽지 않았어요. 하지만 선생님은 그런 기질을 타고나신 게 아닐까요? 저 같은 평범한 사람들은 그러기가 어렵거든요."

"글쎄요…. 사실 저도 그러는 게 쉽지 않아요. 마음을 먹었더라도 계속되는 좌절 앞에서 끊임없이 도전하는 것은 너무 어렵더군요. 절망의 구렁텅이에 빠진 느낌이죠. 태우 씨도 저를 만나야겠다는 의지는 강했지만 저와 만나기 위해 계속 도전하기가 쉽지는 않았죠?"

"네. 한두 번은 그냥 했는데 점점 자신감도 떨어지고… 그래서 중간에 포기하게 되더라고요."

"그럴 거예요. 저는 좌충우돌하면서도 제 나름대로 도전을 지속하는 방법을 터득했어요. 여러 멘토들을 만나고 책도 보면서 끊임없이 도전할 수 있게 도와주는 일종의 프로그램을 만든 거죠. 그래서 저는 확신하게 되었죠. 누구나 이런 프로그램의 도움만 있다면 저처럼 할 수 있다고요. 게다가 태우 씨는 지금 의지도 강하기 때문에 더욱더 그렇지요."

"우리 태우는 이렇게 열심히 살면 나중에 꼭 복 받을 텐데, 좋은 선생님을 못 만난 게 문제랍니다. 어떻게 선생님께서 좀 도와주시겠습니까?"

눈치 빠른 '곰+여우' 주인아저씨가 나를 대신해서 슬쩍 말을 꺼냈다. 혹시 내가 말을 못 할까 봐 바로 치고 들어오신 거다.

"물론입니다. 저를 몇 번이고 찾아온 분인데 제가 당연히 도와드려야죠. 그리고 이렇게 맛있는 계란말이까지 먹고 있는데요."

"아이고 원장 선생님, 복 받으실 거예요. 내 말 믿어봐요. 태우 복을 같이 받으실 거라니까요. 태우가 일하면서부터 성공포차도 흥하기 시작했어요. 계란말이는 내가 책임질게요. 하하."

주인아저씨는 나보다 먼저 감사를 표하며 기분 좋게 웃었다.

"정말 감사합니다. 감사한 마음을 어떻게 표현해야 할지…."

나는 너무나 기뻐서 오히려 말을 잇지 못했다. 내 결정을 실행시키기 위해 노력했고 그 결과가 이렇게 나타났다는 것이 너무 감격스러웠다. 물론 내가 끝까지 찾아가서 김지완 선생님을 만나게 된 것은 아니지만, 어쨌거나 내 노력에 대한 결과임은 틀림없었다. 내 노력을 좋게 봐준 선생님이 나를 찾아왔으니까 말이다. 남들이 보기에는 아주 작은 일일지 모르지만 나에게는 너무나 큰 성과다. 나의 일상에 희망이 샘솟기 시작했다. 어느새 자신감이 살아나고 있었다.

"저번에 제가 말한, 태우 씨가 영어를 못하는 3가지 이유 말이에요. 그에 대한 해결책을 줄게요. 그럼 먼저 그 3가지 이유가 뭔지 알아야겠죠. 자, 한번 말해볼까요?"

"네. 마인드, 연습방법, 훈련 프로그램이요."

"맞아요. 앞으로 저는 태우 씨에게 훈련 프로그램을 제공할 거예요. 이 프로그램을 통해서 마인드를 바로잡고, '소리 내어 말하기'라는 연습방법을 바탕으로 영어의 구조부터 터득시킬 거예요. 그리고 고급 수준의 말하기까지 훈련할 겁니다. 기대하셔도 좋아요."

"네! 열심히 하겠습니다!"

"수업료 대신 여기 오뎅 좀 드시겠어요? 허허."

주인아저씨가 웃으며 말했다.

"고맙습니다. 뭐 이런 걸 다. 하하."

나는 오뎅 국물을 사이에 두고 선생님과 마주 앉았다. 선생님은 강한 눈빛으로 내 눈을 바라보며 말했다.

"그럼 마인드 세우기부터 바로 시작하죠. 태우 씨는 영어를 배우고자 하는 마음이 확고한가요?"

"네. 확고합니다."

"정말 확고한가요? 제가 볼 땐 아닌 것 같은데요."

"네? 저는 취업 때문에 꼭 영어를 배워야 해요. 제 토익 점수를 알고 나면 깜짝 놀라실 거예요. 제가 다른 스펙이 뛰어난 것도 아니라서 이 토익 점수로 취업한다는 건 불가능해요. 이 정도면 확고한 것 아닌가요?"

"글쎄요. 태우 씨는 취업을 위해서 영어시험만 마지못해 준비하고 있지 않나요? 제가 보기에는 '영어 배우기'를 진짜로 선택한 것이 아니라 취업을 위해서 영어 문제집만 풀고 있는 것 같은데요."

"그렇긴 한데요…."

"그렇다면 영어를 배우고자 하는 마음이 확고한 것이 아니겠죠? 사실 태우 씨 말고도 많은 분들이 비슷한 상황이에요. 다들 말로만 영어를 배우고 싶다고 해요. 혹은 영어 시험에만 몰두하고 있죠. 영어실력이 필요하다고 생각하지만 그 필요성을 절실하게 느끼지 못하기 때문에 쉽게 포기합니다. 그래서 초보자들은 매번 기본 회화만 배우다 포기하는 것을 반복하게 되고, 어학시험에서 만점을 받아도 말 한마디 제대로 못 하는 거예요."

"맞아요. 저도 영어가 꼭 필요하다고 생각하기는 하지만 사실은 마지못해 하고 있죠. 그리고 영어를 잘하고 싶지만 의지가 약해서 그렇게까지 노력하지도 않고요."

"그래서 영어배우기 프로그램의 1단계가 필요한 겁니다. 우선 영어를 배워야 하는 이유를 찾아야 해요. 예를 들어, 영어로 대화하는 것 자체를 좋아한다거나 영어와 관련된 취미가 있다면 취업을 위한 영어 공부가 지겨워졌을 때도 지속적으로 영어를 마주할 수 있게 되는 거예요."

"그런데 저처럼 영어에 취미가 없는 사람은 해당 사항이 없는 것 같은데요. 영어 자체를 좋아하는 건 아니라서…."

"영어에 직접적으로 관심은 없을지라도 취미라든가 뭐든 좋아하는 것은 있잖아요? 태우 씨는 어떤 걸 좋아하나요?"

"딱히 취미는 없고, 만화책이랑 게임, 축구, 영화… 뭐 이런 걸 좋아하긴 해요."

"넌 먹는 거 좋아하잖아. 하도 식탐이 강해서 다른 걸 좋아하리라고는 생각해 본 적이 없는데. 허허."

끼어들기 좋아하는 주인아저씨가 또 한마디 거든다. 어쩐지 지금껏 조용하더라.

"먹는 걸 좋아한다고 하니까… 음, 오뎅 좋아하세요?"

"네. 아주 좋아해요."

"그러면 오뎅을 영어로 뭐라고 할까요?"

어라. 왠지 쉬울 것 같으면서도 전혀 감이 안 잡힌다. 나름 오뎅 사랑 20년인데, 영어로 뭐라고 하는지 생각조차 해 본 적이 없다. 내가 우물쭈물하자 주인아저씨가 또 끼어든다.

"덴뿌라 아닌가?"

"그건 일본어고요."

나는 답답하다는 듯 말했다. 사실은 내가 답답하니까 괜히 아저씨한테 핀잔을 준다.

"덴뿌라는 일본말로 튀김이라는 뜻일 거예요. 우리가 오뎅이라고 하는 것처럼 서양인들도 고유명사로 '오뎅oden'이라고 말하기도 해요. 오뎅이라고 하면 좀 어려워 보일 수도 있지만 우리

말로 어묵이라고 하면 어떨까요? 고기 어(漁)가 들어가는 게 힌트예요."

김지완 선생님이 힌트를 던져주셨다.

"fish?"

"Exactly. 근데 그냥 물고기는 아니니까 다른 말이 붙어요. 어묵은 생선을 갈아서 넓적하거나 동그랗게 만들잖아요. 그래서 영어로는 fish cake이나 fish ball이라고 한답니다."

"아, 그렇구나. 재미있네요."

"재미있죠? 영어를 잘하는 첫 번째 방법은 이렇게 작은 호기심과 재미에서 시작될 수 있어요. 제가 영국에 살 때 제 룸메이트는 공부를 거의 안 했어요. 중학생 주제에 야한 잡지나 보고 놀았죠. 그런데 신기하게도 그 녀석이 영어를 정말 잘하더라고요. 왜 그랬을까요?"

"야한 잡지 때문인가요?"

"맞아요. 야한 잡지 때문에 영어에 취미를 붙인 거예요. 그걸 좀더 즐기기 위해서 나름대로 노력하다 보니 영어를 잘하게 된 거죠. 관심거리를 찾고 즐기다 보면 영어실력이 어느새 부쩍 늘어요. 지금은 믿기지 않을지 모르지만, 곧 알게 될 겁니다."

"그래도 아무것도 모르면서 무작정 취미생활만 한다고 영어가 늘까요? 어느 정도는 영어실력이 필요하지 않나요?"

"물론 취미생활만으로는 시간도 많이 걸리고 쉽지 않아요. 하지만 의지가 약하고 영어가 두려운 사람들은 반드시 거쳐야 할 단계랍니다. 특히 성인들은 꼭 거쳐야 해요. 아이들이야 부모님이나 선생님이 강제로라도 가이드할 수 있지만 성인들은 스스로 해야만 하기 때문이죠. 자, 그러면 이제 태우 씨도 실행해보죠. 첫 번째 미션을 줄게요."

'미션이라…. 아, 맞다. 그때 제자라는 분이 말한 그거네.'

나는 속으로 미소를 지었다.

"태우 너 임자 만났구나. 벌써 숙제를 내주시다니. 선생님은 말하면 무조건 바로 실행이시군요. 허허허."

지켜보던 주인아저씨가 약을 올린다.

"첫 번째 미션은 다음 주까지 해와야 합니다. 태우 씨가 관심 있는 것 10개와 그것들을 영어로 접할 방법을 정리해서 실행 계획표를 작성하세요. 예를 들면, 방금 했던 것처럼 음식 이름 찾기를 한다거나 외국인 손님을 대비해서 성공포차 메뉴판을 영어로 번역한다거나 하는 거죠. 영어공부가 아닌 자신이 재미있다고 느낄 만한 것을 찾는 거예요. 실생활에 도움이 되면서 영어도 접할 수 있는 방법을 궁리해 오세요. 어렵지 않죠?"

나는 드디어 첫 번째 미션을 받았다. 두근두근 Do! Do! Do!

금연에 성공하는 사람과 실패하는 사람이 있습니다. 그 두 부류를 유심히 관찰하면 금연에 대한 자세와 언행이 무척이나 다르다는 것을 알 수 있습니다.

금연에 실패하는 사람: '아…진짜 끊긴 끊어야 하는데… 어렵네…'
금연에 성공하는 사람: '내 무슨 일이 있어도 반드시 담배를 끊겠어!'

차이점이 느껴집니까? 금연에 성공하는 사람과 실패하는 사람의 차이는 바로 이 결심에 가까운 비장한 마음가짐의 유무입니다. 금연에 성공한 사람은 진심으로 금연을 선택한 사람들입니다. 마찬가지로 금연에 실패한 사람은 진심으로 금연을 선택하지 않은 사람입니다. 오프라 윈프리Oprah Winfrey는 이렇게 말했습니다.

"가난도 부도 다 개개인이 선택한 것입니다."

모든 것은 선택의 문제이고 의지의 문제일 뿐이지 환경이나 능력의 문제가 아닙니다. 영어도 마찬가지입니다. 새해가 되면 사람들이 많이 하는 말이 있습니다. "올해는 영어공부 좀 해야지!" 이렇게 스쳐 가는 생각을 결심인 것처럼 말하는 사람은 결코 영어를 잘할 수 없습니다. 영어를 잘하고 싶다면 진심으로 영어를 공부하기로 "선택"하고 다음과 같이 외치세요.

"나는 오늘! 지금! 영어정복을 선택합니다."

Part 2

마인드 확립하기

4번째 만남

꿈을 정말로 이루고 싶다면 그 마음을 꿈 테이블에 담아라

일주일간 나는 내가 좋아하는 것들의 리스트를 작성했다. 김지완 선생님은 10개를 적으라고 했지만 아무리 생각해도 팝송, 축구, 게임, 여행, 음식, 영화… 이렇게 6개밖에는 떠오르지 않는다. 만화나 자동차도 좋아하긴 하지만 영어와는 별로 상관없는 것 같아 제외했다.

'어쩔 수 없다. 일단 이 6개만 가지고 준비를 해봐야지.'

나는 서빙을 하는 동안 틈틈이 이 6가지 아이템을 영어와 연결짓는 방법을 궁리했고 어느새 일주일이 지나갔다.

'하… 이렇게 해도 되는 건가….'

제대로 숙제를 했는지 궁금하던 차에 퇴근 준비를 하던 혜연이가 눈에 띈다.

"혜연아. 내 숙제 좀 봐줄래?"

"어? 무슨 숙제? 갑자기 무슨 바람이 불어서 영어공부를 가게에서까지 다 하시는 거야. 어떤 학원 선생님 만났다더니 뭔가 본격적으로 하는 건가? 내가 봐주면 뭐해 줄 건데? 히히."

쾌활한 성격의 혜연이답게 나의 취미 리스트를 보여주자 재미있다는 듯이 말을 잇는다.

"이걸로 영어공부가 된다고? 일단 줘봐."

"응. 숙제를 내주셨는데 이 중에서 하나를 골라서 실행해 보려고. 어떤 걸 하면 좋을지 아이디어 좀 내봐."

가게 구석 테이블에 앉아 5분 정도 궁리하는가 싶더니 혜연이가 자못 진지하게 묻는다.

"오빠는 이것 중에 뭘 하고 싶어?"

"와. 너 진짜 빠르다. 역시 빠릿빠릿하구나. 흐흐흐."

"나 원래 이런 사람이야. 몰랐어? 크크."

"제일 하고 싶은 거야 게임이지. 근데 그건 별로 도움이 되지 않을 것 같아. 게다가 시간도 별로 없고. 실현 가능성이 제일 큰건 메뉴판 번역하기인데 재미는 없을 것 같아."

"오빠는 뭐 만드는 거 좋아하지 않아?"

"응. 맞아."

"그럼 단순히 메뉴판 번역만 하지 말고 아예 영어 메뉴판을 만들어봐. 디자인도 좀 해서 넣으면 우리 성공포차의 격이 올라가지 않겠어? 혹시 알아? 외국인들한테 소문나서 아저씨가 보너스라도 줄지."

"좋긴 한데, 양이 너무 적어. 한 달 동안 매일 하기에는 메뉴가 적을 것 같은데."

"그러면 영어로 레시피도 만들어봐. 우리 식당 메뉴에 있는 음식 조리법을 영어로 쓰는 거야."

"그것도 별거 없는 것 같은데."

"그러면 성공포차 잡지를 만드는 건 어때? 매일 한 장씩 만드는 거야. 하루는 오빠가 좋아하는 맨체스터 유나이티드 소식도 넣고, 하루는 여행 정보도 넣고, 또 하루는 레시피도 넣는 거지. 영문판, 한국어판으로 두 개를 만든 다음에 한 달 치를 모아서 묶으면 폼 날 것 같은데. 어때?"

"그건 좀 빡셀 것 같다… 흐흐."

"으이구. 뭣 좀 열심히 한다 싶더니만 자꾸 그럴래? 어쩔 수 없잖아. 오빠 것 중에는 실행할 만한 게 없으니까 그나마 오빠 아르바이트에 도움이 되는 거라도 해. 주인아저씨가 오빠 같은 사람을 1년이나 써준 것에 보답도 할 겸 말이야."

"알았어. 해볼게. 내가 봐도 그것밖에는 할 게 없다. 성공포차

에 도움이 안 되더라도 의미는 있을 것 같아. 어차피 영어 배우겠다고 시작하는 거니까 어려워도 해 봐야지."

"그래, 그렇게 밀고 나가란 말이야. 남자답게 어깨 쫙 펴고!"

"고마워. 근데 너는 취미로 만들 수 있는 게 뭐냐?"

"흠. 아르바이트에 학교에 시간이 없으니까 아무래도 영어일기 쓰기랑 영문판 잡지 읽기가 아닐까 싶은데?"

"그러면 제일 하고 싶은 건?"

"미드 보기! 그리고 여행지 정보 모으는 것도 좋아. 어차피 어학연수를 가려면 그곳에 대해 알아두는 것도 도움이 될 테니까."

"그러면 이건 어때? 매일 간단하게라도 일기를 써. 그리고 가끔 시간이 되면 여행정보를 검색해서 일기에다 쓰는 거야. 김지완 선생님이 조금이라도 매일매일 하면서 습관을 들이는 게 중요하다고 했거든. 인터넷 검색이나 드라마 보기는 시간이 없어서 매일 하기 쉽지 않을 테고, 일기를 쓰면서 다른 거랑 조합하는 게 좋겠어. 어때? 괜찮지?"

"그래. 그거 좋다. 하루는 일기 쓰고, 하루는 여행 정보 쓰고, 하루는 미드에서 인상 깊었던 대사 쓰고. 호호. 왠지 도움이 될 것 같은데? 영어공부한다는 스트레스도 별로 없을 것 같고."

"그럼 너도 해봐."

"근데 좀 귀찮아. 난 나의 길을 가겠어. 호호. 아무튼 내일 봐. 수고해!"

혜연이 덕분에 첫 번째 숙제는 그럭저럭 마무리되었다. 그리고 김지완 선생님이 약속대로 성공포차에 찾아왔다.

"안녕하세요? 숙제는 하셨나요?"

"네. 겨우겨우 하긴 했는데… 어떨지 모르겠네요. 어쨌든 일단 마실 것 좀 준비해 드릴까요?"

"네. 배가 좀 고픈데… 뭐 따뜻한 국물 종류가 없을까요?"

그때 어디선가 주인아저씨가 나타났다.

"오셨어요, 선생님. 우동은 어떠세요? 수업료 대신으로 돈은 받지 않겠습니다. 허허허."

역시 우리 주인아저씨는 좋은 분이다. 나를 위해 공짜 음식도 내놓으시겠다니. 더 열심히 해야겠다는 결심을 한다.

"아닙니다. 그렇게까지 않으셔도 돼요."

"태우 월급에서 까면 되니까 부담 갖지 마세요. 허허."

그럼 그렇지. 주인아저씨 사전에 공짜란 없다. 그래도 나를 생각하는 주인아저씨의 마음은 잘 알고 있다.

"하하. 그럼 감사히 먹겠습니다. 태우 씨, 숙제 좀 볼까요?"

"네, 여기요. 10개를 적어보라고 하셨는데 아무리 생각해도 6개밖에 없어서 6개만 했어요. 만화나 자동차, 전자제품 같은 것도 좋아하긴 하는데 영어공부와는 크게 상관없는 것 같아서 뺐거든요."

"그래요. 억지로 할 필요는 없죠. 설명 좀 해주겠어요?"

"네. 우선 팝송이에요. 사실 저는 힙합을 굉장히 좋아하는데, 랩 같은 건 가사가 일반 회화랑은 너무 거리가 있어서 영어를 배우는 데 적합하지는 않은 것 같아요. 그래도 좋아하는 팝송이 꽤 있으니까 노래 가사를 따라 부르면서 표현을 익히면 좋을 것 같아요."

"좋습니다. 다음은요?"

"다음은 축구인데요, 저는 박지성 선수가 뛰는 영국의 〈프리미어 리그Premier League〉를 좋아하거든요. 맨체스터 유나이티드 홈페이지에 들어가서 박지성 선수와 관련된 기사를 읽어보고 싶은데, 독해력이 달려서 너무 어렵더라고요. 그래서 크게 동기부여가 되지는 않네요."

"방금 좋은 지적을 했어요. 태우 씨에게 동기부여가 되지 않는 방법은 그다지 좋은 방법이 아니에요. 아무튼 계속 말해보세요."

"세 번째는 게임인데요, 영어로 된 게임을 하면 많이 도움이 될 것 같아요. 생각해보니까 제 친구 중에 국내에 출시되지 않은 일본게임을 하려고 일본어를 공부하는 애가 있었어요. 독학으로 공부했는데 지금은 글을 거의 다 읽어요. 그걸 보니 저도 할 수 있겠다 싶더라고요."

"야한 잡지를 보던 제 친구와 비슷한 사례군요? 하하."

내 말을 들으면서 계속 메모를 하던 김지완 선생님이 웃으며 말했다.

"하하. 맞아요. 그 말씀을 듣고 생각해봤더니 제 친구 중에도 그런 애가 있더라고요. 네 번째는 여행이에요. 지금은 여행 갈 형편이 안 되지만 언젠가는 런던, 뉴욕, 쿠바를 가 보고 싶어요. 여행 관련 사이트나 〈내셔널 지오그래픽 National Geographic〉 같은 잡지를 보면서 공부하면 어떨까 하는데, 역시 제가 읽기에는 너무 어려워서 안 될 것 같아요. 그래도 여행 가는 상상을 하면서 좋은 사진도 볼 수 있으니까 좀 어렵더라도 도전해 보고는 싶어요. 그리고 여행 영어책을 사서 공부하는 것도 좋을 것 같아요. 언젠가는 떠날 거라는 믿음을 갖고 미리 준비하는 거죠. 지금 선생님한테 말하면서도 설레네요. 하하."

"도전해보고 싶다는 말이 참 듣기 좋네요."

"다음은 지난번에 말했던 음식이에요. 성공포차에도 외국인 손님이 올지 모르니 메뉴판을 영어로 번역해보는 것도 좋을 것 같아요. 가게에 도움도 되니까 보람이 있을 것 같아서 이건 꼭 해보고 싶어요. 그런데 역시 제 실력으로 메뉴판을 만들 수 있을지 모르겠어요. 누가 도와주면 좋겠지만 혼자서 하다가는 금세 포기할 것 같아요."

"해결책이 있어요. 물론 쉽지는 않겠지만 이따가 말해 줄게요. 마지막 여섯 번째 것도 말해주세요."

"마지막으로는 영화나 드라마예요. 영화나 미드와 관련된 영어교재를 사서 거기에 나오는 표현들을 외우면 도움이 될 것 같아요. 자막 없이 영화나 미드를 보는 것을 목표로 공부하면 재미있게 공부할 수 있을 듯해요. 특히 저는 톰 크루즈Tom Cruise나 조지 클루니George Clooney를 좋아해서 그들이 나오는 영화는 대부분 봤거든요. 그런데 시중에는 그 배우들이 나오는 영화로 만든 교재가 거의 없어서 어떻게 공부해야 할지 모르겠어요."

"교재는 없어도 구글Google을 뒤져보면 영화 대본을 구할 수 있을 거예요. 이건 나중에 자세히 알려줄게요."

"아. 그래요? 그래도 해석은 구할 수 없으니까 좀 어려울 것 같아요."

"한글 자막이랑 대조해 보면 되죠. 좀 번거롭겠지만 그 정도 대가는 치러야 한다는 걸 명심해요."

"네. 알겠습니다."

"좋아요. 첫 번째 미션을 잘 수행했군요. 숙제에 대한 피드백을 주기 전에 질문이 하나 있는데요, 태우 씨는 이 숙제를 하면서 어떤 것을 느꼈나요? 솔직하게 얘기해주세요."

"뜻밖에 제가 관심 있는 것들을 활용해서 영어를 공부할 방법이 꽤 많더라고요. 크게 돈 들이지 않고서도 조금만 관심을 두면 활용할 방법이 많다는 것이 신기했어요. 그런데 다들 쉬워 보이기는 해도 제가 영어를 잘 못하니까 실행할 수 있을지는 의문이에요. 왠지 중간에 포기할 것만 같아요. 어쩌면 그런 이유 때문에 그동안 취미와 영어를 연결 지을 엄두를 내지 못한 것 같기도 해요."

"맞아요. 저도 태우 씨와 같은 고민을 하는 사람을 자주 봤어요. 하지만 그렇게 걱정만 하다가는 아무것도 할 수가 없어요. 제가 영어를 못하는 이유 중에 마인드를 말했던 게 여기에서 드러나죠? 이렇게 쉽고 재미있게 돈과 시간도 적게 들여가면서 할 수 있는 것들이 많은데 사람들은 절대로 이런 걸 하지 않아요. 오히려 자기 머리 탓, 시간 탓, 돈 탓만 하죠. 그럴 바에는 영어는 아예 포기하고 그냥 이대로 사는 것이 좋습니다. 차라리 마음은 편할 테니까요."

"네? 그럼 저는 안 되는 건가요?"

나는 김지완 선생님의 강한 어조에 깜짝 놀라 말했다.

"네. 난 안 될 거야, 난 하기 어려울 거야 하고 생각할 거라면 아예 포기하세요. 하지만 포기하고 싶지 않다면 우선 마인드부터 바꿔야 해요. 마인드를 바꾸겠습니까? 확실합니까?"

"네. 물론입니다."

"정말 바꾸겠습니까?"

"네. 바꿀게요!"

나는 단호하게 말했다.

"좋아요. 사실 첫 번째 미션의 진짜 목표는 태우 씨의 잘못된 마인드를 바로잡아주기 위한 것이었어요. 태우 씨가 생각해본 대로 학원이 아니더라도 영어를 적극적으로 접할 기회는 정말 많아요. 물론 하루에 투자하는 돈과 시간도 전혀 부담스럽지 않지요. 하지만 그동안 이런저런 핑계를 대면서 하지 않았죠. 바로 마인드가 잘못되었기 때문이에요."

"네… 맞아요…."

부끄러워진 나는 개미만한 목소리로 대답했다.

"방법이 아무리 좋아도 그런 마인드를 가지고는 아무것도 할 수 없어요. 이번 미션을 계기로 자신을 돌아볼 수 있었고, 마음을 바로잡았다면 그걸로 미션 성공이에요."

"그럼, 이번 단계는 통과인가요?"

"아니에요. 이것만으로는 부족해요. 일단 이 서약서에 서명부터 해주세요. 그래야 통과입니다."

"서약서요? 설마 신체포기각서는 아니죠? 흐흐."

"하하. 그럴 수도 있지요. 어쨌건 스스로 대충이 아니라 반드시 해내겠다는 다짐을 서약하는 것이니까요. 읽어보고 여기에 서명하세요. 그리고 반드시 매일 한 번씩 읽으세요."

"알겠습니다."

"그다음으로는 '꿈 테이블'을 만들어야 합니다. 이 종이에 꿈 테이블을 작성하세요."

"꿈 테이블이요?"

"꿈 테이블이란 목표를 세우는 거예요. 영어공부뿐만 아니라 무슨 일을 하든 간에 작은 목표부터 하나씩 성취하려고 노력하면 목표 없이 무언가를 하는 것보다 훨씬 효과가 좋거든요."

"그렇군요. 하긴 TV를 보니까 잘난 사람들은 누구나 확고한 목표가 있었더라고요."

"맞아요. 그럼 태우 씨의 꿈은 무엇인가요?"

나는 머뭇거렸다. 단 한 번도 누군가에게 내 꿈을 말해본 적이 없기 때문이다. 초등학교 때 담임선생님이나 부모님이 물어보면 "대통령이요!" 하고 1초도 생각 안 하고 말하는 꿈 말고, 이게 진짜 내 꿈이라고 내뱉어본 적이 없다. 내가 뜸을 들이자 김지완 선생님이 묻는다.

"꿈이 없어요?"

"아니, 그건 아닌데요…."

"말하기 싫은 거예요?"

"그게 아니고… 제가 남들한테 한 번도 꿈을 말해본 적이 없어요. 스펙도 안 좋은 놈이 내 꿈은 이거라고 말하면 비웃을까 봐요."

"저런. 그럼 내가 태우 씨 꿈을 듣게 되는 최초의 사람인가요? 이거 영광인데요. 흐흐."

"그러네요. 아휴, 이거 참. 음, 제 꿈은요… 여행사를 차리는 거예요. 여행에 대한 로망이 있어서…."

"여행사 CEO를 꿈꾸는군요. 재미있겠네요. 그럼, 꿈을 이루려면 어떻게 해야 할까요?"

"글쎄요. 너무 멀리 있는 꿈이라 감이 잡히질 않네요. 일단 취직을 해서 일을 배워야 할 것 같긴 한데…."

"좋아요. 일단 취직을 해야겠네요. 너무 부담 갖지 말고 이런 식으로 대강 꿈에 대한 아웃라인을 잡아봐요. 여행사를 차리려면 돈도 어느 정도 있어야 하고, 경험을 쌓기 위해 여행사에 취직도 해야겠죠. 그러면 여행사에 취직하기 위해서는 어떻게 해야 하나요?"

"음… 일단 외국어 능력이 중요하니까 영어를 잘해야겠고, 인턴이라든가 계약직 자리라도 들어갈 수 있다면 경험도 미리 쌓을 수 있으니까 취업에 유리할 수도 있을 것 같아요."

"그러면 그렇게 해봐요. 일단 인턴이든 계약직이든 일을 배우고 경험을 쌓을 수 있도록 여행사에 적극적으로 이력서를 넣어 보세요. 중간에 포기하지 말고 계속 시도하세요. 아니면 사장님을 만나서 돈은 안 받아도 좋으니 일을 배우게 해달라고 부탁하는 것도 방법이에요."

"그건 좀… 용기가 나질 않아요. 게다가 돈은 꼭 벌어야 하거든요. 생활비랑 학비 문제 때문에요."

"음. 오케이. 그러면 그건 자신감이 좀더 생긴 후에 하죠. 그러면 최우선 과제는 영어를 잘하는 거네요. 꿈 테이블에다가 제일 높은 꿈으로 '여행사 창업'이라고 쓰고, 그 아래에 '여행사 취업'이라고 쓰세요. 그 밑에는 '여행사 인턴 구직'이라고 쓴 다음 맨 아래에는 '영어 잘하기'라고 쓰는 거예요. 그리고 이제 하나씩 꿈을 이뤄나가는 거지요."

"네, 해볼게요."

김지완 선생님에게 꿈을 말하고 나니 가슴이 벅차오르는 느낌이었다. 여행사 창업은 예전부터 바라왔던 나의 큰 꿈이다. 그래서 더 멀게 느껴지는지도 모른다. 그리고 또 하나. 아직 말하지 않은 꿈이 있다.

"선생님, 꿈이 또 하나 있는데요…."

"그래요? 뭔데요?"

"제가… 1년째 좋아하는 애가 있어요…. 수지라고 같은 학과 친구인데 걔는 제가 좋아하는지 절대로 모를 거예요. 처음에는 짝사랑으로 충분하다고 생각했는데, 시간이 갈수록 그 애가 나를 좀 봐줬으면 좋겠다고 바라게 되더라고요. 그렇다고 뭘 어떻게 해봤던 것도 아니에요. 말하다 보니 저 진짜 한심하네요…."

"아니에요. 태우 씨도 알겠지만 누군가를 좋아하는 감정은 어떤 목표를 향해 가는 데 큰 동력이 되기도 해요. 페이스북facebook도 그 시작은 마크 주커버그Mark Zuckerberg가 헤어진 여자친구한테 복수하기 위해서였잖아요? 영어공부를 해야 할 이유가 더 생긴 거예요. 그 친구와 잘 되고 싶죠?"

"네…."

"그럼 태우 씨가 어떤 걸 갖춰야 그 친구에게 고백할 수 있겠어요?"

"당장 취직까지는 아니더라도, 김태우라는 사람이 가능성을 갖고 있구나 하는 확신을 주고 싶어요."

"그런 확신을 주려면 무엇부터 해야 할까요?"

"아무래도… 역시 영어를 잘해야 할 것 같아요. 영어라도 잘해야 취업의 가능성이 있어 보이지 않을까요?"

"그럼 꿈 테이블에 아까처럼 항목을 하나 더 쓰세요. 제일 높은 꿈으로 '수지와 연인이 되었다'라고 쓰고, 그 아래에 '수지에게 고백했다'라고 쓰세요. 그 밑에는 '수지에게 확신을 주었다'라고 쓴 다음 맨 아래에는 '영어를 잘하게 되었다'라고 쓰는 거예요. 좋아하는 친구를 생각하면서 더 힘을 내세요."

"알겠습니다."

1. 영어정복 서약서 작성하기

영어정복 선택 서약서

1. 나 김태우는 오늘! 지금! 영어정복을 선택합니다.
2. 무슨 일이 있어도 아니 죽음을 무릅쓴다는 각오로 반드시 영어정복을 하겠습니다.
3. 영어정복을 위해 그 어떠한 대가라도 지불하겠습니다.
4. 영어정복에 필요한 기간은 그동안 아무 근거 없이 입버릇처럼 말한 평생이 아닌 오늘로부터 딱 1년으로 정하고 반드시 그 기간 내에 영어정복에 성공하겠습니다.
5. 반드시 이 서약서의 내용을 지킬 것을 내 명예를 걸고 맹세합니다.

2011년 3월 15일
본인서명 김태우

2. 영어 꿈 테이블 작성하기

구체적인 목표	결국 우수한 영어실력으로 취업해냈다. (이미 이루어진 일처럼 과거형으로 적는다.)
목표 달성 시 즐거워해 줄 사람	나 자신, 우리 가족 (나 자신, 부모님 등 목표 달성의 기쁨을 함께 나눌 사람을 적는다.)
내가 지불해야 할 대가	숙제의 양에 관계없이 무조건 하루도 안 빠지고 미션을 수행한다! ('하루에 몇 시간 투자하겠다', '하루에 원서 한 챕터는 읽겠다'처럼 구체적인 시간이나 노력을 적는다.)

"좋아요. 그다음으로는 친구와 스터디를 만들어야 합니다."

김지완 선생님은 종이를 불쑥 내밀면서 말했다.

"스터디요?"

"여기에 적힌 대로 하면 돼요. 우선은 친구 한 명을 골라서 스터디 그룹을 만들고, 제가 운영하는 인터넷 카페(www.30school.com)에 가입하세요. 그러면 제가 주기적으로 카페에 미션을 올릴 거예요. 미션을 실행한 후에 친구와 함께 서로 체크를 하고, 매주 금요일에 카페에 올려주세요. 제가 바로바로 피드백을 드리죠."

"아, 감사합니다."

"여기까지가 1단계예요. 확고한 의지를 세우고 2단계로 넘어 갈 수 있도록 열심히 해주세요."
"네! 알겠습니다!"

A MEMO
from your MENTO

꿈 테이블이란?

	목표가 없다	목표가 있지만 기록하지 않았다	목표가 있고 기록했다
예일	67%	30%	3%
하버드	84%	13%	3%

위의 표는 여러분이 잘 아는 아이비리그 대학 두 곳, 예일과 하버드에서 실제 이루어진 설문조사의 결과입니다. 설문은 매우 간단한 질문 두 가지를 바탕으로 이루어졌습니다.

(설문 질문)
- "당신은 목표가 있습니까?"
  Yes _____ No _____
- "목표가 있다면 기록해 두었습니까?"
  Yes _____ No _____

설문조사 20년 후 설문 참가자들을 대상으로 소득 수준과 삶에 대한 만족도를 조사했습니다. 결과가 어땠을까요? 결과는 놀라웠습니다. 목표를 기록한 3%의 사람들의 소득이 기록하지 않은 97%에 비해 최소 다섯 배 이상 높았습니다.

* 김지완 선생님이 운영하는
네이버 카페(www.30school.com)에서 영어 멘토링을 받아보세요.

5번째 만남

혼자 하기 어렵다면 스터디를 만들어라

"혜연아. 나랑 영어공부 좀 해볼래?"
"어? 어제 그거 말야? 그거 별로 도움될 것 같지 않던데."
"아냐. 그건 아니고 영어연습 말야. 우선 함께 연습할 스터디 파트너부터 찾아야 하거든. 서로 점검해주는 게 중요한가 봐. 잠깐이지만 그래도 매일 보는 사람이 너밖에 없잖아. 어차피 넌 어학연수도 준비하니까 같이 해볼래? 해보고 별로다 싶으면 관둬도 돼."
"흠. 시간이 있으려나?"

"나 도와주는 셈 치고 한 번만 해보자. 어차피 너도 손해 볼 건 없잖아. 안 그래?"

"어떤 연습인데?"

"나도 아직은 정확히 몰라. 일단 스터디 그룹을 만들고 카페에 가입하면 미션을 올려주신다고 했어."

"엥? 너무 무계획적이잖아. 난 바쁘단 말이야. 오빠 도와주는 셈 치고 해볼 수야 있지만, 이상하다 싶으면 바로 칼같이 자를 거야. 나는 인정사정없다고. 알지? 호호호."

"일단 한번 믿어봐. 우선은 이 서약서랑 꿈 테이블을 작성해서 카페에 올려. 문서양식은 내가 이메일로 보내줄게. 저번에 나랑 얘기하면서 니가 영어로 할 수 있는 취미가 뭐라고 했었지?"

"영어일기 쓰기랑 영문판 잡지 읽기, 그리도 미드 보기 정도였어. 아, 여행지 정보 모으는 것도 있었다."

"그럼 됐네. 그걸 계획표에 적어."

"알았어. 일단 해보지, 뭐."

"카페에는 가입했어?"

"응. 우리 말고도 이미 실천하는 사람들이 있더라?"

"오래전부터 운영해오신 것 같더라고. 아무튼 일단 오케이."

"그럼 김지완 선생님이 주는 미션에 대한 실천내용을 카페에 올리면 선생님이 매일 확인하고 피드백을 주는 거야?"

"시간상 그건 좀 힘드셔. 선생님은 일주일에 한 번만 검사해주신다고 했어. 그러니까 우리 둘이 매일 서로의 숙제를 검사해줘야 해. 그리고 나중에 엠티도 가자. 1박2일로."

"난 추남이랑은 엠티 안 간다. 크크크."

다음날, 학교에서 카페에 계획표를 올린 나는 어떻게 잡지를 만들 것인지 고민하며 성공포차로 향했다. 그러고 보니 성공포차 잡지를 만드는 건 어떠냐고 제안한 것도 혜연이구나. 아마도 이래서 선생님이 스터디를 만들라고 했나 보다. 함께 공부하며 서로 자극을 주고 격려하는 것 외에도 내가 생각하지 못한 부분을 다른 스터디 멤버가 채워주니까.

그래도 막상 잡지를 만들려고 보니 막막함이 먼저 밀려온다. 머릿속이 터질 것 같다. 은근 부담스럽네. 그래도 뭔가를 활기차게 시작하려니 기운이 나긴 한다. 어렵게 생각하지 말자. 일단 할 수 있는 것부터 해보는 거야. 음… 메뉴부터 영어로 바꿔보는 게 좋겠어.

성공포차에 도착한 나는 서빙과 설거지를 하며 틈틈이 메뉴를 살펴보았다. 생각보다 종류가 많지는 않았다.

'어디 보자. 계란말이, 시샤모구이, 오뎅탕, 우동, 닭꼬치 구이, 모둠꼬치 세트, 마른안주, 병맥주, 생맥주, 소주… 술까지 합쳐봤자 10개밖에 안 되네. 뜻밖에 수월하겠는걸.'

"여기요. 뻥튀기 좀 더 주세요."

"알겠습니다!"

'맞다. 뻥튀기도 있으니까 11개다.'

내 계획은 이렇다. 우선 첫날에는 메뉴판을 영어로 그대로 바꾸는 거다. 그리고 하루에 하나씩 레시피나 메뉴에 대한 소개를 영어로 쓴다. 그다음에는 가게에 대한 소개를 쓰고, 사장님 인터뷰, 단골손님 인터뷰, 그 외에 여행정보나 기타 잡다한 걸 써서 30일 동안 완성하는 것이다. 완성한 후 짜잔 하고 주인아저씨한테 보여 드릴 생각을 하니 벌써 기분이 좋다.

"숙제냐?"

아저씨가 불쑥 내 계획표를 보더니 말을 건다.

"잘 써라. 우리 가게도 국제화 시대에 동참하는 중요한 순간이라는 직감이 든다."

이럴 수가. 들키고 말았다. 서프라이즈는 물 건너가 버렸다.

"조그만 동네 술집이 무슨 국제화예요? 외국인 손님도 거의 안 오는데. 제가 1년 동안 본 걸로는 다섯 손가락이 막 남아요. 근데 이상하긴 해요. 주변에 어학원이 꽤 많잖아요. 외국인 강사라도 올 법한데 코빼기도 안 보여요. 이게 다 아저씨 인상이 안 좋아서 그래요."

"네 인상은 좋고?"

주인아저씨와 농담 따먹기를 하는 그때, 드르륵 문이 열렸다. 세상에, 내 말이 끝나기가 무섭게 외국인 한 명이 가게 문을 열고 들어온 것이다. 갑자기 말문이 막혔다.

'어쩌지? 아직 마음의 준비가 안 됐는데.'

입이 방정이라고 생각하는 찰나에 다행히 일행으로 보이는 한국인들이 뒤따라 들어왔다.

"거봐, 우리 집은 국제적인 술집이야. 잘 준비해라. 항상 지켜보겠어. 넌 막중한 임무를 수행하고 있는 거야."

"알겠습니닷!"

나는 큰 소리로 대답했다.

다음 날, 인터넷과 사전을 뒤져가며 메뉴를 영문으로 바꾸는 작업을 끝낸 나는 숙제를 올리기 위해 카페에 들어갔다. 혜연이가 가입도 하고 서약서도 올려놓은 것이 보였다.

'기특하게 시키는 대로 잘하는군. 흐흐.'

근데 찬찬히 살펴보니 어랏, 김지완 선생님의 새 글이 올라와 있었다. 깜빡거리는 new 표시가 그렇게 반가울 수가 없었다. 내가 드디어 영어공부를 제대로 시작하고 있다는 느낌이었다.

태우 씨, 혜연 씨, 반갑습니다. 제가 주문한 대로 첫 번째 미션을 해오셨군요. 혼자서는 하기 어렵지만 이렇게 서로 의지하고 도와가며 미션을 해나가다 보면 분명히 좋은 결과가 있을 겁니다. 그러면 앞으로 해올 숙제도 기대할게요. 다시 한 번 말하지만, 습관이 들 때까지 매일 꾸준히 하는 것이 매우 중요합니다. 그리고 반드시 서약서를 가장 잘 보이는 곳에 붙여두고 목표를 이루겠다고 매일 다짐하세요.

'네, 알겠습니다.'

나는 마치 앞에 선생님이라도 있는 것처럼 컴퓨터에 대고 대답을 했다. 그리고 정성스럽게 서약서를 벽에 붙였다.

혜연이와 영어 스터디 그룹을 만들고 나는 아르바이트하던 어학원을 그만두었다. 속이 홀가분했다. 그동안 다른 수강생들과 다르게 일하면서 청강하느라 사실 힘이 많이 들었다. 그렇다고 실력이 좋아지는 것도 아니었다. 몸은 몸대로 피곤하고 영어실력도 제자리니 힘이 날 리가 없었다. 어학원까지 그만두고 나니 새 삶을 사는 것처럼 마음이 들떴다.

첫 번째 미션을 수행한 후 일주일이 지났다. 그동안 혜연이와 나는 서로를 격려해가며 하루도 빠짐없이 카페에 숙제를 올렸다. 혜연이는 파트너를 꼼꼼하게 챙기는 훌륭한 스터디 멤버다.

'오빠 나는 지금 숙제 올렸다 메롱'

이런 문자 메시지를 보내서 약 올리기도 하지만 든든한 동생이다. 문법이 엉망인 숙제를 올렸을 때는 혜연이가 댓글로 고쳐주기도 한다. 동생인 혜연이의 지적에 민망하기는 하지만, 정말 많은 도움이 된다.

영어로 뭔가를 쓴다는 것은 정말 어렵고 부담되는 일이다. 그래도 예전처럼 어학원에서 머리 싸매고 공부하는 것보다는 훨씬 수월했다. 재미있는 날도 있고 지치는 날도 있었다. 그래도 당장은 엉터리라도 매일 영어와 친해지려고 노력한다는 것 자체에 큰 의미를 두기로 했다. 오늘도 숙제를 올리려고 카페에 들어가자 김지완 선생님이 새로 올린 글이 눈에 들어왔다.

  두 사람 다 매일 잘하고 있군요. 정말 보기 좋습니다. 문법이나 단어가 틀리는 것에 너무 연연하지 말고 과정 자체를 중요하게 생각하세요. 다시 강조하지만 매일 한다는 것이 핵심입니다.

  '내 생각이 틀리지 않았구나.'

  나는 갑자기 기분이 좋아졌다. 글을 계속 읽어 내려갔다.

  그리고 오늘 새로운 미션을 줄게요. 기존에 하던 것은 앞으로도 계속하고 이제 본격적으로 영어를 배워볼 거예요.

  드디어 본격적으로 시작하는 건가. 나는 새삼 감격스러웠다.

  영어 배우기 과정은 총 3단계로 진행됩니다. 1단계 '마인드 확립'은 이미 했죠. 이제부터는 본격적으로 회화훈련을 할 거예요. 실력에 따라 훈련 내용이 달라지는 맞춤형 훈련이죠. 일단 자신의 현재 실력과 목표에 따라 2단계 혹은 3단계 훈련을 하게 됩니다.

  2단계 훈련은 〈바꿔 말하기 훈련〉인데요, 이를 통해 영어로 자신의 생각을 표현할 수 있는 수준에 오르는 것을 목표로 합니다. 이 정도면 외국에 나가 여행하고 친구를 사귀는 데 아무런 지장이 없습니다. 일단 자신의 생각을 말할 수 있으면 영어가 완벽하게 들리지 않아도 어떻게든 의사소통을 할 수 있으니까요. 3단계 훈련은 〈성대모사 훈련〉으로 외국에 가서 영어로 진행되는 수업에 원활하게 참여할 정도의 수준을 목표로 합니다.

한국인의 평균 영어실력을 놓고 보면 2단계만 마쳐도 엄청난 발전이겠지만, 그래도 3단계 수준을 완성해야 어디 가서 영어 좀 한다고 말할 수 있지 않을까요? 우리는 3단계 수준 완성을 목표로 공부하겠습니다. 충분히 가능한 목표입니다. 일단 아래의 표를 자세히 읽어보세요.

2단계 〈바꿔 말하기 훈련〉	30가지 문형 〈바꿔 말하기 훈련〉을 통한 영어의 문장구조 습득. 이를 통해 기본적인 문법을 귀와 입으로 익힙니다.
3단계 〈성대모사 훈련〉	〈성대모사 훈련〉을 통한 원어민과 똑같은 수준의 말하기 듣기 연습. '성대모사 훈련'이란 기본적으로 원어민의 음성을 듣고 그대로 따라서 말한다는 점에서는 '쉐도잉 연습'과 같습니다. 하지만 '쉐도잉 연습'만으로는 원어민의 발음과 억양, 그들의 말하는 느낌과 제스처까지 따라 할 수는 없습니다. 자신이 좋아하는 롤모델을 따라 한다는 점에서 '쉐도잉 학습법'보다 더 많은 동기를 유발합니다. 원어민 수준의 말하기 실력을 갖추기 위해서는 반드시 필요한 훈련입니다.

드디어 뭔가 체계적인 연습을 하는 것 같다는 기대감에 나는 잠시 흥분이 되었다. 한편으로는 내가 해낼 수 있을까 살짝 걱정도 되었지만 이내 글을 다시 읽어 내려갔다.

이번 미션은 영어를 배우기 전에 세부적인 레벨테스트를 해보는 거예요. 아래의 10문장을 영어로 바꿔서 말해보세요. 여기서 주의할 것은, 절대 머리로만 하지 말고 반드시 직접 소리 내어 말해야 한다는 점입니다.

'엥? 웬 레벨테스트? 긴장되게 왜 이러실까…'
순간 겁을 먹은 나는 선생님이 적어둔 문장을 살펴보았다.

1	그녀는 조깅을 하고 있다.
2	그녀의 어머님은 일요일마다 교회에 가신다.
3	나는 아침 8시에 일어난다.
4	넌 몇 시에 일어나니?
5	그들은 야구를 하고 있다.
6	나의 아내는 너무 착하다.
7	누가 크리스니?
8	왜 너희 아버님은 5시에 일어나시니?
9	난 공부하고 있어.
10	내 남동생은 나보다 키가 크다.

그녀는 조깅을 하고 있다? 흠… '하고 있다'니까 'She is doing jogging.'인가? 처음부터 헷갈리네. 학교 컴퓨터실에서 접속한지

라 옆 사람의 눈치를 살피면서 조심스럽게 소리 내어 영어문장을 말했다.

'아. 창피해. 2번은 뭐지?'

"Her mom is going to church on every Monday…."

이렇게 겨우겨우 10문장을 영어로 말해본 나는 10개의 문장 한참 아래 쓰여 있는 답을 확인했다.

1	She is jogging.
2	Her mother goes to church every Sunday.
3	I get up at 8 in the morning.
4	What time do you get up?
5	They are playing baseball.
6	My wife is too kind.
7	Who's Chris?
8	Why does your father get up at 5?
9	I'm studying.
10	My younger brother is taller than me.

6번, 7번, 9번 딱 세 개만 맞혔다. 더욱 절망적인 것은 10개 모두 알고 있는 표현들이라는 것이다. 대부분 정답과 비슷하게 영

어로 말하기는 했지만 조금씩 틀리게 말했을 뿐 아니라 한번에 빨리 말하지도 못했다.

'아유. 왜 이런 걸 틀렸지?'

나는 씁쓸해하며 그 아래에 있는 선생님의 글을 읽었다.

레벨	정확히 맞춘 개수	설명
1	0~2개	중학교 1학년 영어교과서 수준보다 아래이다. 한마디로 왕초보이다. 〈심층 레벨테스트: 레벨 1용〉을 통해 영어를 읽을 수 있는지도 점검해 보아야 한다.
2	3~4개	중학교 1학년 영어교과서 정도의 수준이다. 왕초보와 초보 그 중간쯤에 있다. 3개월간 바꿔 말하기 훈련을 열심히 한다면 충분히 3단계 훈련과정으로 넘어갈 수 있다.
3	5~7개	어느 정도 기초적인 바꿔 말하기가 가능한 수준이다. 3개월간 시행되는 2단계 훈련 과정을 2달만 하고 3단계로 넘어갈 수 있는지 〈심층 레벨테스트: 레벨 2, 3, 4용〉을 통해 좀 더 정확히 알아봐야 한다.
4	8~10개	〈심층 레벨테스트: 레벨 4용〉에 따라 3개월간 시행되는 2단계 훈련 과정을 1달만 하거나 아예 건너뛰고 3단계 훈련 과정으로 건너뛸 수 있는 수준이다.

* 각 심층 레벨테스트는 부록에 실려 있습니다. 여러분도 테스트를 실시해 보세요.

'헉. 난 겨우 중학교 1학년 수준인 건가?'

내가 영어를 못한다는 것은 알고 있었기에 금방 인정은 했지만 조금 충격적이었다. 살짝 틀린 걸 봐주면 레벨 3까지도 될 것 같지만 김지완 선생님이 많은 학생을 가르치며 쌓은 경험으로 만들어주신 것이니 그대로 믿을 수밖에는 없다는 생각이 들었다.

자, 이제 여러분의 레벨을 솔직하게 댓글로 달아주세요. 제 예상으로는 두 분 다 2단계 〈바꿔 말하기 훈련〉부터 시작할 것 같은데, 내일 각 단계에 맞는 훈련을 할 수 있도록 〈바꿔 말하기 훈련〉 과제를 내드리겠습니다.

어떤 과제인지 궁금할 테니 간략하게 설명할게요. 이 과제는 주로 레벨 1~3에 해당하는 분들에게 적합한 것으로, 영어를 하는 데 반드시 필요한 30가지의 필수문형을 예문을 통해 귀와 입으로 완벽하게 익히는 훈련입니다. 이 훈련을 거친 이후에는 엄청난 실력과 자신감도 얻을 수 있게 됩니다. 만약 이 단계를 통과할 자신이 없거나 열심히 할 마음이 없다면 지금 당장 그만두세요. 아직 늦지 않았습니다. 대충대충 하는 꼴은 절대로 볼 수 없습니다. 그건 안 하느니만 못합니다.

'에고. 단호하시네. 열심히 하겠습니다, 선생님.'

나는 답글로 "저는 레벨 1이에요."라고 적으면서 괜히 혜연이가 의식되기 시작했다.

'혜연이는 레벨 3 아니야? 괜히 혜연이랑 스터디했나. 나랑 비

슷한 수준의 사람을 찾아볼 걸 그랬나….'

나는 후회가 됐다. 하지만 그것도 잠시였다. 김지완 선생님이 자신 없으면 지금 당장 그만두라고 강하게 말씀하셨는데 이렇게 주춤하면 안 되지. 내 실력을 몰랐던 것도 아니잖아. 나는 앞으로 더 열심히 해야겠다고 마음을 다잡았다.

다음 날, 어제의 충격적인 결과를 뒤로하고 다시 카페에 들어갔다. 이번에는 두 개의 글이 올라와 있었다. 하나는 나만 읽을 수 있게 되어 있었고, 또 하나는 혜연이를 위한 글이었다. 나는 조심스럽게 내가 읽어야 할 글을 클릭했다.

태우 씨. 오늘 미션은 태우 씨만을 위한 것입니다. 지금 제가 태우 씨에게 줄 미션을 보고, 이게 영어공부와 무슨 상관이 있느냐고 생각하실 수도 있습니다. 하지만 이 미션은 영어공부는 물론 태우 씨의 많은 부분을 긍정적으로 바꾸어놓을 수도 있다는 것을 미리 말씀드립니다. 지난번에 나와 꿈 테이블을 작성하면서 좋아하는 같은 과 친구가 있다고 했었죠? 그 친구에게 태우 씨의 마음을 고백하세요. 어떤 방법으로 할지는 태우 씨가 직접 선택하세요. 진실하게 태우 씨의 마음을 전할 방법을 고민해보세요. 기한은 딱 일주일! 건투를 빕니다.

나는 멍하니 모니터만 쳐다봤다.

'선생님, 전 아직 준비가 안 됐는데요….'

여러 가지 생각이 머리를 스쳤다. 이 미션을 할 것인가 말 것인

가. 한다면 어떤 방법으로 해야 할 것인가. 그러다가 일단 고백하기 미션을 수행해보기로 했다. 구체적인 장면을 상상하니 얼굴이 확 달아올랐지만, 김지완 선생님과 함께 영어공부를 하기로 한 이상 어떤 미션이든 따르는 게 맞다. 이런 미션을 주신 이유가 있겠지. 무엇보다 선생님을 실망하게 하고 싶지 않았다. 하지만 어떤 방법으로 고백해야 할지는 쉽게 떠오르지 않는다.

A MEMO from your MENTO

뉴욕에 거주하는 50대 사업가 김영수 씨를 만났을 때의 이야기입니다. 조용한 바에 마주 앉아서 와인을 한잔하기 전까지, 저는 이분이 어렸을 때 미국에 이민 간 혹은 미국에서 태어난 교포 2세라고 짐작했습니다. 그런데 놀라운 사실은 이분이 30대 중반이 훌쩍 넘어 미국으로 이주했다는 것입니다. 제가 아는 그 어떤 재미교포보다도 영어를 완벽하게 구사하고, 알 파치노나 로버트 드니로가 연상되곤 했는데…. 조기유학생도 흉내 내기 힘든 완벽한 발음에 어휘력까지. 비교적 늦은 나이에 미국으로 이주했다는 사실이 도저히 믿어지지 않았습니다. 이쯤 되자 직업병이 도져 영어학습에 대한 질문을 하게 되었습니다.

"대체 어떻게 영어공부를 하셨기에 30이 훌쩍 넘은 나이에 미국에 건너가셔서 이렇게 유창하게 아니 완벽하게 영어를 구사하게 되셨어요?"

"어릴 적 집이 미군부대 바로 옆이었어. 심부름해주던 미군들에게 부탁해서 받은, 물 건너온 영어 카세트테이프로 공부했어."

미국의 대학교를 졸업했거나 최소한 랭귀지 스쿨 정도는 다녔을 거라 생각했는데 돌아온 답변에 저는 기가 막혔습니다.

"미국에 이주해서 영어를 배우신 게 아니라 물 건너온 영어 카세트테이프로 한국에서 공부하셨다고요?"

"그렇다니까. 미국에 와서는 영어로 사업을 해서 돈을 번거지. 영어는 이미 어릴 때 한국에서 다 배웠어."

"물 건너왔다는 게 미국에서 온 카세트테이프란 건가요? 그것만 듣고 이렇게 영어를 잘하신다는 건가요?"

"지완 씨. 잘 듣기만 해서는 안 되고 테이프가 늘어질 때까지 듣고 따라 말해야 해!"

"정말 사장님 영어의 비밀이 이런 원시적인 방법이란 말이에요?"

"원시적이라니? 난 요즘에도 영화나 뉴스를 따라 말하면서 새로운 표현들을 내 것으로 만드는걸. 이게 바로 내가 미국에서 태어난 자식놈들보다 훨씬 세련되고 현대적인 영어를 구사하는 비밀이야."

저는 이 분 같은 순수 국내파 영어학습자 중 유학이나 연수를 갔다 온 사람보다 영어를 잘하는 사람을 수도 없이 보았습니다.

성공하고 싶다면
가장 하기 어려운 일을 실행해라

나는 김지완 선생님의 미션을 받고부터 인터넷의 온갖 연애 관련 게시판을 뒤지기 시작했다. 나 같은 남자들의 구구절절한 사연이 수백 개도 넘었다.

'뭐야, 다들 이렇게까지 연애에 목숨 걸고 있었다니…'

내가 세상에서 제일 힘든 것 같은 때가 있었는데, 이런 글들을 읽다 보니 이상하게 위안이 됐다. 나만 힘든 건 아니라는 위로 같은 거. 어쨌거나 내가 찾아야 할 것은 상대에게 부담스럽지 않게 고백하는 법이었다. 며칠 동안 각종 고백 필살기를 섭렵한 결과,

내가 내린 결론은 이렇다.

과한 이벤트나 선물은 절대 금한다. 손발이 오글거리는 표현을 삼간다. 지나가는 장난처럼 고백해선 안 된다. 따로 만나자고 해서 둘의 시간을 만들어야 한다. 진심이 담긴 담백한 고백이어야 한다.

이제는 망설일 필요가 없었다. 시간이 있다면 차근차근 단계를 밟으면서 그 아이의 반응을 봐가며 다가갔겠지만, 지금은 그럴 시간이 없다. 아니 시간이 있었다 하더라도 1년 동안 못했던 결심을 과연 내가 스스로 할 수 있었을까? 김지완 선생님이 미션을 주지 않으셨다면 아마 계속 속으로만 좋아하고 있었을 것 같다. 그래, 눈 딱 감고 이참에 고백하는 거야. 이 계기가 아니었다면 나는 평생 용기를 내지 못했을지도 모른다.

나는 수지에게 문자 메시지를 보냈다.

'나 물어볼 거 있는데 내일 학생회관에서 만날래? 내가 점심 살게'

'응, 나 그때 도서관에 있으니까 전화해'

답이 바로 왔다. 학교 과제 준비 같은 것 때문에 연락은 가끔 하는 사이라서 수지가 이상하게 받아들이지 않는 것 같았다.

수지의 문자를 보자 가슴이 뛰기 시작했다. 고백하는 연습이라도 해야 하나. 그냥 최대한 내 솔직한 마음을 말하려고 한다. 너한테 호감이 있는데 쉽게 다가가지 못했다, 같이 열심히 취업준비도 하고 잘 지내고 싶다…. 이 말을 하는 나를 상상하니 얼굴이 달아올랐다.

    수지는 벌써 약속장소에 나와 있었다. 나는 잔뜩 긴장해서는 어색하게 그쪽으로 뛰어갔다.

"좀 늦었지. 미안."

"아냐, 나도 온 지 얼마 안 됐어."

    우리는 자리를 옮겨 점심을 먹고 커피를 마셨다. 김윤식이 취직된 얘기, 토익공부 얘기, 학점 얘기 등등 평소와 다름이 없었다.

"우와 커피까지 쏘는 거야? 근데 너 물어볼 거 있다며."

"어, 물어볼 게 있긴 한데…."

"뭔데? 그때 내가 말한 토익 학원 얘기야?"

"아니, 그건 아니고…."

    어제부터 계속 시뮬레이션으로 이 상황을 상상했는데 막상 닥치니 쉽게 입이 떨어지지 않는다. 아, 모르겠다. 나는 눈을 딱 감고 준비한 얘기를 꺼내놓기 시작했다. 분명히 준비를 했는데 하나도 생각이 나질 않고 나오는 대로 두서없이 주절주절 뱉어버리고 말았다. 나는 수지의 눈을 차마 쳐다볼 수가 없었다.

    이후의 상황은 자세하게 말하고 싶지 않다. 간략하게 정리하면, 수지는 당황한 기색이 역력해서 알겠다고 대답하더니 잠시 숨을 고르고 있었다. 그리고는 말을 이었다. 너무 갑작스러우니까 자기한테도 생각할 시간을 달라고 했다. 그리고 며칠 후 메일이 왔다. 자기는 지금 취업준비만으로도 벅차다고. 그리고 우리

는 서로 잘 알지 못하는 것 같다고. 앞으로도 학교에서 마주치면 인사 정도는 하면서 지내고 싶고, 둘 다 좋은 곳에 취업했다는 소식을 들었으면 좋겠다고.

　예상했던 결과였다. 수지에게는 갑작스러웠을 것이다. 그런데 이상하게도 실망스럽거나 우울하지 않았다. 오히려 숙제 하나가 해결된 듯한 묘한 기분이 들었다. 이렇게 숙제를 하나씩 풀어가다 보면 내 인생도 풀릴 것만 같았다. 근거 없는 자신감이 꿈틀거렸다.

　나는 고백 미션 결과를 선생님의 미션 글에 답글로 달았다. 그때만큼은 조금 부끄러웠다. 결과가 좋지 않았으니까. 혹시나 혜연이가 볼까 봐 선생님만 볼 수 있게 설정했다. 이럴 때는 나도 참 주도면밀하다. 다음 날 접속해보니 선생님이 댓글을 달아놓으셨다.

　우선 부디 큰 상처가 되지 않기를 진심으로 바랍니다. 그런데 지금 기분은 어떤가요? 가슴이 아프기도 하지만 후련하기도 하지 않나요? 시도조차 해보지 못하던 것을 시도했으니까요. 아마도 태우 씨는 제가 왜 이렇게 쉽지 않은 미션을 주나 했을 거예요. 저는 태우 씨의 근성을 끌어내고 싶었어요. 태우 씨처럼 짧은 시간 내에 성과를 내야 하는 사람은 특히나 더 강한 근성이 필요하거든요. 이제 가장 하기 어려웠던 일에 대한 도전을 마쳤으니 다른 도전쯤은 아무것도 아닐 겁니다. 그럼 파이팅 하세요!

'그런 거였구나….'

나는 뒤통수를 맞은 것 같았다. 내가 근성이 있다고 생각해본 적은 없는데, 어쨌든 합격을 했다니 아주 기뻤다. 이제 내일부터는 기다리고 기다리던 본격적인 영어훈련이 시작된다.

안녕하세요? 두 분 모두 솔직하게 자신을 평가했으리라 믿고 레벨 1부터 시작하겠습니다. 두 분 다 파닉스는 안 해도 된다고 하니까 그 수준에 맞추어 연습을 시행할게요.

'크하하하. 뭐야, 혜연이도 레벨 1이야?'

뭔가 안도감이 들면서 기분이 살짝 좋아졌지만 어찌 되었거나 내가 레벨 1이라는 사실을 깨닫고서 다시 겸손한 마음을 갖기로 했다.

어제 말씀드린 대로 여러분은 앞으로 바꿔 말하기 훈련을 하게 될 겁니다. 여러분은 레벨 1이기 때문에 훈련의 처음 코스부터 차근차근 연습해야 합니다. 총 30개의 필수문형을 문형당 20문장씩 글이 아닌 귀와 입으로 익히게 될 겁니다. 이 훈련은 3개월 코스인데요, 한 달에 10개의 문형을 연습하게 되며 1개월 차부터 3개월 차까지 차례대로 어려워집니다.

'한 달에 10개의 문형×문형 당 20문장이면 하루에 7문장꼴이네. 그다지 부담이 되는 양은 아니구나.'

학습분량을 소화할 수 있을지 은근히 부담스러웠던 나는 안도하며 계속 글을 읽어나갔다.

1개월 차에서 첫 10일간은 아주 기본적인 문형 10개를 하루에 하나씩 바꿔 말하는 연습부터 하게 될 겁니다. 여기서 말하는 아주 기본적인 문형은 아래의 표에 나와 있는 대로입니다. 우리가 가장 많이 말하는 표현들이지요.

1개월 차 바꿔 말하기 훈련 내용

순서	문형의 종류	예문
1	명령문	Enjoy! 즐겨라!
2	Let's	Let's fight! 싸우자!
3	Can	Can you run? 너는 달릴 수 있니?
4	Will	Where will you stay? 너는 어디에 머무를 거니?
5	현재진행형	I'm having dinner. 나는 저녁을 먹고 있다.
6	현재형	I go to school every day. 나는 매일 학교에 간다.
7	과거진행형	I was playing soccer at 8. 나는 8시에 축구를 하고 있었다.
8	과거형	She went to work yesterday. 그녀는 어제 일하러 갔다.
9	be의 현재	I'm fat. 나는 뚱뚱하다.
10	be의 과거	I was thin. 나는 말랐었다.

일단 위의 10개 기본 문형을 완벽하게 바꿔 말할 수 있도록 한 문형 당 최소 10문장씩 반복적으로 바꿔 말해보는 연습을 합니다. 문형별로 평서, 의문, 부정문을 다 바꿔 말해봐야 하며, 복습을 위해서 하루에 10개의 문형을 다 바꿔 말해보는 것이 아니라 하루에 한 개의 문형씩 매일 하나의 문형을 추가하는 방법으로 문형의 개수를 늘려가며 연습합니다. 그리고 문형별로 평서, 의문, 부정, Wh-의문문(where, what 등)으로 변형된 다양한 문장도 연습할 수 있을 겁니다.

'음… 하루에 1개의 문형만 연습하는 게 아니라 복습도 계속해야 하는구나.'

이 훈련을 위해서 10개의 문형별로 나누어진 한글+영어 문장과 원어민의 음성이 담겨 있는 MP3 파일도 함께 보낼게요.

'우와, 친절도 하셔라.'

이제 연습하는 방법을 알려드리지요. 다시 앞으로 돌아가서 기본 문형의 예문을 보세요. 명령문의 경우 "즐겨라!"라는 한글을 먼저 보고 "Enjoy!"라고 영어로 말하는 훈련을 하는 건데요, 처음에는 답은 확인하지 말고 스스로 말해 봐야 합니다. 그 후에 답을 확인하는 과정을 거치세요. 그다음으로 MP3 파일을 이용해 원어민의 소리를 듣고 똑같이 따라 말하는 연습을 반복합니다.

'한글 먼저 보고 영어로 혼자 말해 본 다음 답을 확인한다. 그 다음에는 원어민 음성을 듣고 똑같이 따라 말하는 훈련을 반복

한다. 오케이.'

  매일 하루 1시간 연습을 기본으로 문장당 최소한 20번 이상 소리 내서 반복적으로 연습하기 바랍니다. 그리고 한 가지 더! 바꿔 말해 본 후 각 문장을 원어민의 음성을 듣고 반드시 따라 말해야 합니다. 그러니까 바꿔 말하기 한 번, 따라 말하기 한 번 이렇게 한 짝이 됩니다. 이런 식으로 각 문장을 최소한 2번 이상 소리 내 말합니다. 원어민을 따라 말할 때는 마치 코미디언들이 유명인사를 성대모사 하듯 따라 말해야 합니다.

  이런 방법으로 매일 1시간씩 꾸준히 한 달간 학습하면 기본적으로 가장 많이 쓰는 문형 10개를 바꿔 말할 수 있게 됩니다. 동시에 영어 말하기에 대한 자신감과 흥미를 갖게 됩니다. 이 정도 수준이면 영어 왕초보 딱지는 뗐다고 볼 수 있습니다. 한마디로 이제 영어가 뭔지 조금 감이 잡히는 단계입니다. 이렇게 글로 보면 감이 안 오지만 직접 한 달을 위와 같은 방법으로 하고 나면 "아! 이래서 영어는 직접 체험해 봐야 하는구나!" 알게 될 것입니다.

  '네. 반드시 직접 체험해 볼게요.'

조기유학 혹은 미국에 장기간 나가 있지 않고서 영어로 생각하고 영어로 말하는 수준까지 가는 것은 거의 불가능 합니다. 초보가 세울 수 있는 현실적인 목표는, 영어로 생각하고 영어로 말하는 수준의 바로 아래 단계인 우리말로 생각하고 그것을 영어로 잽싸게 바꿔 말하는 수준입니다. 이 정도만 할 수 있어도 기본적인 의사소통은 다 할 수 있죠. "미국 유치원생" 수준에 도달할 수 있는 것입니다.

그리고 이 수준에 오르기 위해서는 우리 말을 영어로 바꾸는 훈련이 필요합니다. 그것이 바로 〈바꿔 말하기 훈련〉입니다.

이 훈련의 장점 중 하나는 어떤 학습방법과도 비교할 수 없을 만큼 짧은 시간 안에 많은 문장을 말해 볼 수 있다는 것입니다. 기존의 방법들로는 도저히 1시간 안에 100~200문장을 말해 볼 방법이 없습니다. 아무리 1 대 1 수업이라고 해도 선생님의 말을 듣고 이해하느라 초보자들은 1시간 동안 그렇게 많은 말을 할 수 없습니다. 결국, 듣기 훈련만 하다가 오는 셈이죠. 하지만 〈바꿔 말하기 훈련〉은 집중적이고 반복적인 훈련이기 때문에 연습할 문장들만 잘 준비되어 있다면 1시간 내에 500문장도 말해 볼 수 있습니다. 초보자들에게 필요한 훈련은 이런 집중적인 '개인훈련'이지 원어민 강사와의 '실전훈련'이 아닙니다.

Part 3

바꿔 말하기 훈련하기

7번째 만남

모든 일에는 순서가 있다

요즘 내 귀에는 항상 이어폰이 꽂혀 있다. 그리고 하도 많이 문장을 읽어서 입이 다 아플 지경이다. 그 결과 모든 문장을 거의 외울 정도가 되었고, 처음에는 바꿔야 할 영어표현이 바로바로 떠오르지 않아 답답하기만 하더니 계속하다 보니까 바꿔 말하는 시간이 점점 빨라졌다. 나 자신도 신기했다. 원어민 발음 따라 하기에도 재미가 들려서 혼자 실실 웃기도 한다.

"뭐야, 이렇게 간단한 거였어?"

한 달 정도 하고 나니, 이제는 문장 대부분을 이리저리 문형을 바꿔가며 바로 내뱉을 수 있을 만큼 숙달하게 됐다. 이 정도면 2단계로 넘어가도 되지 않나 싶은 생각이 들 때쯤 1개월 차 확인 테스트 날이 돌아왔다. 카페에 들어가자 선생님께서 올려둔 확인 테스트 문제가 보인다.

1개월 차 바꿔 말하기 확인 테스트

아래의 문장을 영어로 바꿔 말하세요.

1	내 남동생은 일요일마다 학교에 간다.
2	그녀는 나를 사랑한다.
3	어제는 비가 왔다.
4	그녀는 누구를 좋아하니?
5	공부하자!
6	나는 젊었을 때 똑똑했었다.
7	너는 몇 시에 일어나니?
8	그녀는 어제 뭐 했니?
9	그들은 내일 학교에 갈 것이다.
10	그녀는 나를 좋아하지 않는다.

* 확인 테스트는 부록에 실려 있습니다. 여러분도 테스트를 실시해 보세요.

바꿔 말하기 확인 테스트는 이런 식으로 총 20문장이었다. 처음에 레벨 테스트를 했을 때와는 다르게 막연해 보이지 않았다. 역시나 테스트 결과, 18개 문장을 완벽하게 바꿔 말할 수 있었다.

'이게 정말 되는구나! 하하!'

뿌듯한 마음을 한가득 안고 카페의 다른 글을 클릭하자 어떻게 내가 테스트에 통과할지 알았는지 김지완 선생님이 이미 글을 남겨 놓으셨다.

자, 지금 기분이 어떤가요? 자신이 자랑스럽죠? 한 달 동안 정말 잘했습니다. 박수를 보냅니다. 앞으로도 그렇게 하면 됩니다. 생각보다 별로 어렵지 않죠? 다음 단계도 통달할 수 있을 거라 믿습니다.

'선생님은 내 기분을 어찌 이리 잘 아시지? 흐흐.'

하지만 이 정도에 만족하면 더 큰 결과는 얻지 못할 거에요. 만약 이 정도에 만족하고 대충대충 할 거라면 여기서 아예 그만두세요!

'아 또 왜 이러실까. 너무 쪼아대시네. 열심히 한다니까요.'

2개월 차에는 다음 레벨의 10가지 문형을 완벽하게 바꿔 말할 수 있도록 한 달 동안 주어진 문형의 예문들을 반복적으로 연습합니다. 훈련하는 방법과 확인 테스트하는 요령은 1개월 차와 같습니다. 매일 하루 1시간 연습을 기본으로 문장당 최소한 20번 이상 소리 내서 말해야 합니다. 지난 한 달 동안 해온 방법이니까 충분히 숙지가 되셨으리라 생각합니다. 하루에 한 개의 문형씩 매일 하나의 문형을 추가하는 것도 알고 계시죠? 지난달과 같은 방법이기 때문에 익숙해서 편할 수도 있지만 자칫하면 지루해질 수도 있습니다. 마음을 굳게 먹고 꾸준히 하기 바랍니다. 항상 응원하고 있습니다. 건투를 빕니다!

2개월 차 바꿔 말하기 훈련 내용

순서	문형의 종류	예문
1	접속사 (and, but 등)	I like apples and pears. 나는 사과와 배를 좋아한다.
2	like to + 동사	I like to run. 나는 뛰는 것을 좋아한다.
3	want to + 동사	I want to watch the movie. 나는 그 영화를 보기 원한다.
4	have to + 동사	I have to succeed. 나는 꼭 성공해야만 한다.
5	want to be have to be	I want to be handsome. 나는 잘생겨지길 원한다.
6	will be	I will be rich. 나는 부자가 될 것이다.
7	비교급과 최상급	I'm fatter than you. 나는 너보다 뚱뚱하다.
8	장소 전치사 (in, by 등)	My office is on the third floor. 내 사무실은 3층에 있다.
9	may shall	May I help you? 제가 도와드려도 될까요?
10	비인칭 주어	It's raining. 비가 오고 있다.

'이제 다른 문형 10가지네. 1개월 차보다는 어렵겠는데…. 더 열심히 하면 되겠지. 힘을 내자!'

혜연이는 카페에 접속을 아직 안 했나 보다. 설마 1단계 확인 테스트를 통과하지 못한 건가? 그러고 보니 서로 얼굴 본지도 꽤 됐다. 미션 수행하랴 아르바이트하면서 어학연수 준비하랴 많이 바쁜가 보다. 나도 영어공부에 매진하느라 혜연이에게 딱히 신경을 못 썼다. 같이 열심히 하자고 해놓고 연락 한번 제대로 안 하다니, 괜스레 미안한 마음에 혜연이에게 전화를 걸었다.

"영어공부 잘돼가?"

"오빠, 오랜만이야!"

"오늘 우리 카페에 들어갔다가 내가 너한테 너무 무심하다 싶더라. 나는 1단계 확인 테스트 통과했는데 너는 어때?"

"무심하기는. 아냐, 오빠. 나도 연락 못 했는데…. 사실은 나, 고민이 많았어. 근데 이제 결정했고 마음을 굳혔어. 한 달 동안 느낀 게 아주 많았거든."

"무슨 얘기야? 무슨 일 있었어?"

"김지완 선생님이 하라는 대로 영어공부를 하는데 내가 정말 한심하더라고. 내 영어 실력이 고작 이 정도인가 싶어서. 나 솔직히 오빠랑 같은 레벨 나와서 약간 충격 받았거든. 오빠를 무시하는 건 아니고. 헤헤."

"이 자식이. 크크."

"나름대로 학원도 다니고 했는데 의기소침한 상태로 시작해서 그런지 괜히 짜증도 나고 하더라고. 그래도 며칠 하다 보니까 점점 늘긴 했어. 근데 갑자기 이런 의문이 들더라. 내가 왜 어학연수를 가려고 했었지?"

"그야 영어를 잘하고 싶으니까… 그래야 취직도 잘 되고…."

"맞아, 영어를 잘하고 싶었어. 그래서 무리해서라도 꼭 가고 싶었어. 근데 중요한 사실을 깨달았어. 나는 단순히 어학연수만 갔다 오면 무조건 영어를 잘하게 될 거라고 생각하고 있었던 거지. 남들 다 갔다 오니까 나도 무작정 간다고 한 건 아닌가? 어학연수 안 가도 영어를 잘할 수 있다면? 곰곰이 생각해봤더니 김지완 선생님 말이 다 맞아. 그래서 다른 생각하지 말고 일단 선생님이 주는 미션대로 영어공부를 해야겠다 결심했어. 그래도 안 되면 그 후에 어학연수를 가도 괜찮지 않을까? 그래서 말이야, 나 일단 어학연수 가는 거 보류하기로 결정했어."

"진짜야? 정말 놀라운데. 사실은… 너 어학연수 준비하는 거 보면서 되게 부러웠거든. 결정하기 쉽지 않았을 텐데 진짜 멋지다."

"그럼 뭐해, 오빠랑 나랑 레벨은 똑같은데. 히히. 오빠 1단계 통과했다며. 고민하느라고 머리 터질 거 같아서 아직 확인 테스트도 안 했는데 나도 빨리해볼래!"

"야, 우리 더 열심히 하자. 알았지?"

"물론이지! 오빠한테 말하고 나니까 속이 다 시원하다."

다음날부터 혜연이와 나는 연락도 자주 하면서 2단계 훈련을 시작했다. 예상했던 것처럼 1단계보다는 익숙하지 않은 문형이 많이 나왔지만 그럭저럭 해낼 만했다.

그런데 이상하게 첫 번째 달보다 성취도랄까 그런 게 떨어지는 느낌이다. 만날 이것만 반복한다고 영어실력이 늘긴 느는 걸까? 지루해질지도 모르니 조심하라고 하던 김지완 선생님의 말씀이 떠오르긴 했다.

혜연이도 그런가 싶어서 물어봤더니 나만 조바심을 내고 있었다. 그도 그럴 것이 나는 혜연이와 달리 졸업반이다. 게다가 다음학기에는 이력서 넣으러 다녀야 하니까 이번이 실질적으로 마지막 학기다. 시간이 정말 없는데 계속 같은 것만 반복하고 있어도 되는 걸까? 김지완 선생님이라면 좀더 속성으로 영어 배우는 방법을 알려줄 수 있지 않을까?

'빨리 실력이 느는 방법을 좀 알려달라고 해야겠어.'

이렇게 결심한 나에게 주인아저씨가 갑자기 소리친다.

"뭐해? 다 타잖아! 안 뒤집고 뭐 하는 거야? 얼씨구 아직 양념도 안 발랐어?"

"헛, 죄송해요. 빨리할게요."

갑작스러운 주인아저씨의 호통에 당황한 나는 허겁지겁 닭꼬치를 뒤집었다.

"아이고. 그렇게 하면 안 되지. 순서를 까먹은 거야? 빨리하는 게 중요한 게 아니고 제대로 해야 맛이 날 것 아니냐. 기름기가 살짝 빠질 때까지 굽고, 뒤집어가며 소금치고, 양념 발라서 또 굽고. 순서대로 하나씩 해야 맛이 난다고 몇 번을 알려줬냐. 일에는 다 순서가 있다고 몇 번을 말해?"

순간 한 대 맞은 것처럼 머리가 띵했다. 맞다. 모든 일에는 순서가 있다. 닭꼬치 하나를 구워도 순서가 있는 법이다. 무조건 빨리 열심히 굽는다고 맛있는 닭꼬치가 나오는 건 아니다. 영어공부라고 다를까? 한두 달 만에 영어를 잘할 수 있는 방법이 있다면 김지완 선생님이 왜 이런 걸 시켰겠는가? 나는 크게 숨을 들이쉬었다.

'그래, Step by Step이라고 했어. 순서대로 차근차근.'

조바심내지 말자고 하루에도 수십 번 다짐하는 사이 한 달이 지났다. 이젠 훈련방법이 익숙해지다 보니 선생님이 보내준 문장의 수가 좀 모자란 듯이 느껴진다. 그래서 지난 1개월 차에 연습했던 문장들도 복습하고, 가끔 책을 보다가 눈에 띄는 문장이 있으면 큰소리로 읽어 보기도 한다. 그리고 이제 드디어 2개월 차 확인 테스트를 치르는 날이다.

2개월 차 바꿔 말하기 확인 테스트

아래의 문장을 영어로 바꿔 말하세요.

1	너는 건축가가 될 거니?
2	그녀는 키가 크길 원한다.
3	나는 오늘 공부를 해야만 한다.
4	너는 어디에 머무르길 원하니?
5	그녀는 그를 사랑하기 때문에 그와 결혼할 것이다.
6	너는 무엇을 하고 싶니?
7	나는 그녀보다 뚱뚱했었다.
8	우리 갈까?
9	난 너보다 부자가 될 거야.
10	너는 우유를 원하니 물을 원하니?

＊ 확인 테스트는 부록에 실려 있습니다. 여러분도 테스트를 실시해 보세요.

 예상했던 대로 2개월 차 확인 테스트도 무난하게 통과했다. 마음이 급했던 만큼 더 열심히 했기 때문이다. 드디어 바꿔 말하기 훈련 마지막 단계! 3단계 미션은 과연 뭘까. 역시나 벌써 김지완 선생님의 글이 기다리고 있다.

 어서 오세요. 이번 한 달은 첫 번째 한 달보다 길게 느껴졌죠? 반복 학습이 지루할 수도 있겠지만, 꾸준히 한다는 것은 정말 중요합니다. 꾸준히 하지 않으면 절대 확인 테스트를 통과할 수 없습니다. 3단계도 마찬가지예요. 3개월 차에는 1, 2단계보다 한층 어려운 10가지 문형을 완벽하게 바꿔 말할 수 있도록 한 달 동안 주어진 문형의 예문들을 연습합니다. 훈련방법과 확인 테스트하는 요령은 1, 2개월 차와 같습니다. 더 설명 안 해도 되겠지요? 1, 2단계를 통과했다면 이제 바꿔 말하기 훈련방법은 누구보다 더 잘 알고 있을 겁니다. 이번 단계만 통과하면 3단계인 〈성대모사 훈련〉에 들어갑니다. 그럼 다음 단계에서 기다리고 있을게요. See you!

'성대모사? 좋아, 3단계로 가뿐하게 넘어가 주겠어!'

3개월 차 바꿔 말하기 훈련 내용

순서	문형의 종류	예문
1	there is/are	There is a pear. 배가 하나 있다.
2	현재완료	I have played baseball. 나는 야구를 해 본 적이 있다.
3	수동태	It was made in Korea. 그것은 한국에서 만들어졌다.
4	to 부정사	I told him to stop. 나는 그에게 멈추라고 말했다.
5	동명사	Speaking English is easy. 영어로 말하기는 쉽다.

6	간접화법	She said she was rich. 그녀는 그녀 자신이 부유하다고 했다.
7	가정법	If I see it, I'll tell you. 그걸 보면 네게 말해줄게.
8	관계대명사	I know a girl who is a supermodel. 나는 슈퍼모델인 여자를 한 명 알아.
9	관계부사	This is the place where he lives. 여기가 그가 사는 장소야.
10	get의 다양한 쓰임	Get me some water! 물 좀 가져다줘.

확실히 3단계는 내가 잘 모르는 문형들이 많이 등장했다. 하지만, 별 문제가 되지 않는다. 3개월 내내 이것만 하다 보니 어느새 탄력이 붙었다. 바보가 아닌 다음에야… 후훗. 그런데 각 단계 마지막에 확인 테스트할 때 빼고는 내 영어실력에 대해 확신이 안 선다. 실력이 어느 정도 늘었는지도 감이 잘 안 온다. 내가 원하는 것은 외국인과 스스럼없이 영어로 대화하는 건데… 또 조바심내고 있는 건가? 아, 모르겠다.

요즘 주인아저씨는 저번에 내가 꼬치 한 번 잘못 구웠다고 나를 미심쩍어하는 눈치다. 실수 안 하려고 최대한 정신 바짝 차리고 있는데도 예전에 비하면 주인아저씨가 나를 바라보는 눈빛이 다르다. 쟤 또 실수하는 거 아냐, 이런 눈빛. 만회하려면 더 잘하는 수밖에 없다. 오늘도 여느 때와 다름없이 꼬치를 굽고 있는데 주인아저씨가 약간 당황한 기색으로 뭐라 뭐라 얘기한다. 이 아저씨가 왜 이러시나. 왜 귓속말을 하고 난리지?

"잘 안 들려요. 뭐라고요?"

"너 영어 좀 늘었냐고."

"몰라요. 그런 건 갑자기 왜…."

"왼쪽 첫 번째 테이블. 외국인이 혼자 왔는데 한국어를 못하는 거 같다."

"그래서 어쩌라고요."

"네가 좀 얘기해봐. 내가 주문받으려고 하니까 뭔가 먹고 싶은 게 있는 모양인데 당최 알 수가 없어."

"저도 외국인이랑 얘기해 본 적 없어요. 저도 잘 못하는데…. 아 맞다! 저번에 제가 영어로 메뉴판 만든 거 있는데 그거 가지고 가서 손으로 찍으라고 하세요."

"네가 가라니까. 영어공부한다는 놈이 외국인하고 대화도 좀 해 봐야지."

나는 쭈뼛쭈뼛 주방 뒤쪽에 넣어뒀던 영어 메뉴판을 꺼내 왔다. 마침 영어 메뉴판을 대충 완성한 터라 큰 어려움은 없을 것 같았다.

'무슨 말인지 못 알아들으면 메뉴판 그림 보고 찍겠지, 뭐.'

나는 될 대로 되라는 심정으로 외국인 앞에 메뉴판을 내놓았다.

"Hi. May I help you?" 안녕하세요. 도와드릴까요?

"Oh, hi. Let me browse the menu first." 아, 안녕하세요. 우선 메뉴 좀 살펴볼게요.

'휴. 일단 말은 건넸는데, 저 사람은 뭐라고 말한 거지? 메뉴 좀 본다는 뜻인가?'

일단 안심한 나는 내 자리로 돌아가서 다음에 할 말을 생각했다.

'주문하겠느냐는 말을 뭐라고 하더라? 맞다. 지난주에 배웠지. May I take your order? 크크크. 선생님이 날 살리는구나.'

혼자 좋아하고 있는데 외국인이 나에게 손짓을 한다.

"May I take your order?" 주문 받아도 될까요?

"Yes, please. I'd like to have a Kimchi Udon." 네. 김치우동 한 그릇 부탁합니다.

"OK. Thank you." 네. 감사합니다.

"By the way…" 그런데…

무사히 주문을 받았다고 안심하고 돌아가려던 차에 외국인이 한 마디를 더 꺼낸다.

"What?" 뭐요?

"Sorry I mean…" 아니요, 제 말은…

이런. 당황한 나머지 말실수를 해버렸다. 내 대답에 외국인도 적잖이 당황한듯하다.

'아… 이게 아닌데 어쩌지.'

"Sorry, sir. I was nervous. I'm so sorry." 죄송합니다, 손님. 제가 당황

을 했어요. 정말 죄송합니다."

"Oh, that's OK. I just wanted to tell you that I was impressed by your English menu. And I wanted ask you who made this." 아, 괜찮아요. 전 그냥 이 영어 메뉴판에 깊은 인상을 받았다는 말을 하고 싶었던 거예요. 그리고 누가 이걸 만들었는지 물어보고 싶었어요.

"Oh, thank you. Actually I made this menu as a homework." 아, 감사합니다. 사실 이건 제가 숙제로 만든 거예요.

"A homework? I haven't seen this kind of menu before. It looks really good. I love it. And your English is really good." 숙제요? 전 지금까지 이런 메뉴를 본 적이 없어요. 정말로 보기 좋아요. 마음에 드네요. 그리고 영어 참 잘하시네요.

"Thank you but I don't speak English very well." 감사합니다. 하지만 전 영어를 잘하지 못해요.

"No, you speak English very well. Trust me. I work with many Koreans but most of them can't speak like you do." 아니에요. 영어로 말을 잘하시는데요. 진짜예요. 많은 한국인과 함께 일하지만, 당신만큼 영어를 하는 사람은 많지 않아요.

김치우동을 어떻게 만들었는지 모르겠다. 내가 외국인과 그렇게 긴 대화를 했다는 게 도통 믿기지가 않아서 말이다. 게다가 영어를 잘한다는 칭찬까지 받다니. 석 달 동안 꾸준히 하루도 빼놓지 않고 같은 방법으로 한 것밖에 없는데, 나한테도 이런 날이 오는구나. 정말 감격스럽다. 꾸준히 무언가를 한다는 것이 어떤 힘을 갖는지 이제는 좀 알겠다.

"이야, 영어공부는 언제 그렇게 한 거야? 발음도 죽이던데."

한창 가게를 정리하고 있는데 주인아저씨가 웃으며 다가온다.

"에이 뭘요. 다른 애들은 학원도 다니고 하는데 저는 그냥…."

"영어 메뉴판도 때깔 나고 오늘 진짜 훌륭했어."

"감사해요, 헤헤."

집에 돌아가는 길의 공기가 상쾌하기 그지없다. 주무실 걸 알면서도 너무 기쁜 나머지 김지완 선생님에게 문자를 보냈다.

'선생님 감사합니다! 오늘 외국인이랑 대화하는데 영어가 술술 나와서 깜짝 놀랐어요'

물론 혜연이에게 자랑 문자를 보내는 것도 잊지 않았다. 그리고 다음 날 마지막 3개월 차 확인 테스트도 역시 한 번에 통과해 버렸다.

3개월 차 바꿔 말하기 확인 테스트

아래의 문장을 영어로 바꿔 말하세요.

1	나는 어제 세라를 만나러 강남에 갔었다.
2	너희 가족은 몇 명이니?
3	나는 네가 일하는 빌딩에서 살지 않아.

4	언제 돌아왔어?
5	이 호텔에는 방이 100개 있어.
6	그녀는 그녀가 한국인이라고 말했다.
7	그만 뛰어라!
8	내가 만약 너라면 난 그녀와 결혼하겠어.
9	나는 여기에 이기러 왔다.
10	나는 학교에 공부하러 갔었다.

* 확인 테스트는 부록에 실려 있습니다. 여러분도 테스트를 실시해 보세요.

A MEMO from your MENTO

〈바꿔 말하기 훈련〉의 훈련량이 부족하다고 느끼는 학습자들에게 집에 있는 교재를 활용하는 연습방법을 소개합니다. 학습자가 직접 소리를 내서 영어로 말하는 훈련을 한다면 어떤 교재로 연습하더라도 영어실력은 향상될 수밖에 없습니다. 추가로 새로운 교재나 학습기를 사는 게 중요한 것이 아니라 바로 "직접 소리 내어 말하는 방법"으로 연습하는 것이 가장 중요하다는 점을 다시 한 번 강조합니다.

1. 영어독해 문제집

TOEIC RC 문제집처럼 독해지문과 해설이 들어 있는 책이 집에 있다면 직독직해를 하듯이 문장 하나하나를 바꿔 말해 보는 연습을 해 보세요. 영어를 먼저 보는 것이 아니라 한글 해석을 먼저 보고 그 해석을 영어로 바꿔 말해 본 후에 지문을 통해 맞게 말했는지 확인하는 방법입니다. 단, 문장의 난이도가 높으므로 부록에 있는 〈바꿔 말하기 훈련〉이 모두 끝난 후에 도전해야 합니다.

2. 조카나 자녀의 초등학교 국어교과서

이 방법은 어느 정도 바꿔 말하기에 자신이 있는 사람에게만 추천하는, 수준이 약간 높은 연습으로 초등학교 국어교과서의 지문을 영어로 바꿔 말하는 연습을 하는 것입니다. 독해교재와는 달리 영어지문이 없기 때문이 본인이 제대로 바꿔 말하고 있는지 아닌지를 달리 확인할 방법이 없습니다. 그러므로 바꿔 말하기 실력이 수준급으로 향상된 이들에게만 권하는 매우 재미있는 방법입니다.

8번째 만남

엄마 아빠를 생각해서라도 한 걸음 더!

새삼스럽지만, 나는 대학졸업반이다. 요즘 같은 때는 졸업을 축하한다는 말도 섣불리 하기 어렵다. 취업 걱정은 다들 비슷하겠지만, 그래도 아르바이트 같은 거 안 하고 그 시간에 취업 준비만 할 수 있는 사람들이 나는 가장 부럽다. 여느 때처럼 고단한 하루 일을 마치고 아침 첫차를 타고 집에 돌아왔는데 심상치 않은 분위기를 느낄 수 있었다. 일을 나가려는 부모님의 얼굴이 여느 때보다 더 어두웠다.

"엄마, 무슨 일 있어?"

"아니⋯."

엄마가 대답했지만, 어젯밤에 또 빚쟁이들에게 시달린 게 분명했다.

"어젯밤에 또 빚쟁이들 온 거야?"

"공부 열심히 하고 있지? 열심히 해야 한다. 집안일은 엄마 아빠가 다 알아서 해결할 테니까 넌 일 그만두고 공부나 해라."

듣고 있던 아빠가 옆에서 거든다. 아빠의 이런 말에 부모님에 대한 측은한 마음이 들기는커녕 짜증부터 난다. 도대체 가족조차 왜 나에게 도움이 하나도 안 될까? 다른 부모들은 자식한테 투자하느라 정신이 없는데, 우리 부모님은 투자는커녕 잔소리만 해대고 집에서조차 편하게 쉴 수 없게 하다니⋯. 어학연수는 바라지도 않는다. 제발 좀 평화로운 집에서 하루라도 마음 편히 공부만 할 수 있으면 좋겠다.

나는 유복한 어린 시절을 보냈다. 무역업을 하셨던 아버지 덕에 강남의 큰 아파트에 살았고, 주말에는 유명 호텔에서 식사하고 예술의 전당에서 공연도 관람했다. 나는 항상 자신감에 차 있었고 친구도 많았다.

그러나 내가 중학교에 올라가면서 상황은 역전되었다. 중학교를 미국으로 진학하려고 준비 중이던 나는 집에 뭔가 문제가 생겼다는 것을 느낄 수 있었다. 미국 유학이 차일피일 미루어지고 주말 외식이나 문화생활도 아빠가 바쁘다는 이유로 더는 하지 못하게 되면서 나는 엄마에게 툴툴대며 짜증을 내곤 했었다. 그때마다 엄마는 지금 아빠가 너무 바빠서 그런 거니까 조금만 기다리라고 했다.

기약 없는 기다림에 지쳐가던 중학교 2학년 어느 날, 결국 사건이 터졌다. 집에 사람들이 찾아와 엄마에게 행패를 부린 것이다. 그리고 한 달이 넘도록 아빠는 집에 들어오지 않았다.

"엄마, 어떻게 된 거야?"

"아빠 사업이 지금 약간 어려워서 그래. 너는 걱정하지 말고 공부만 열심히 해. 아빠가 다 해결하고 곧 유학도 보내주실 거야."

하지만 그런 일은 일어나지 않았다. 드라마처럼 집에 빨간 딱지가 붙고 다섯 번에 걸쳐 점점 더 작은 집과 점점 더 서울에서 멀어지는 곳으로 이사하게 되었다. 이사할 때마다 나는 엄마에게 엄청 짜증을 냈다.

"다 좋아질 거라며? 왜 항상 거짓말만 하는데!"

"태우야, 엄마 아빠 열심히 노력하는 거 안 보이니? 다 큰 놈이 어디서 짜증을 내? 넌 공부나 열심히 해!"

"뭘 해줬다고 만날 공부만 하라는 거야! 뭘 해줘야 공부를 할 거 아니야? 학원을 보내줬어? 과외를 시켜줬어? 누가 유학 보내달래? 나 혼자 어떻게 공부해!"

이런 싸움을 수차례 치르고 난 지금, 우리 가족은 방 하나짜리 반지하 월세방에 살고 있다. 방에는 할머니, 마루의 반을 차지하는 침대에는 내가, 마룻바닥에는 엄마 아빠가 잔다. 아빠는 마을버스 기사로, 엄마는 식당 아르바이트로 바쁘게 뛰어다니다 보니 온 식구가 집에 모이는 날은 일요일 저녁뿐이다. 하지만 다들 피곤함에 절어 대강 저녁 끼니를 때우고 바로 잠들곤 한다.

엄마 아빠가 나가신 후, 나는 눈을 좀 붙이려 했지만, 몸은 녹초가 되어 피곤한데도 쉽게 잠이 오지 않는다. 집에 있는 것 자체가 싫어졌다. 대충 옷을 다시 입고 무작정 나왔다. 어디로 가야 하나. 아침 아홉 시가 조금 넘은 시각. 다들 저마다 있어야 할 곳에서 일하거나 공부하고 있을 텐데, 나는 지금 뭘 하는 걸까. 이때 불현듯 김지완 선생님의 답장이 생각났다. 내가 외국인과 대화하고 한껏 들뜬 날 보냈던 감사문자 메시지에 대한 답이었다.

이제 바꿔 말하기 훈련 3단계를 마쳤으니 얼굴 한번 봐요. 내일 저녁에 성공포차로 갈게요.

나는 내일 선생님을 만나면 우울한 마음을 애서 감추지 않고 다 털어놓고 싶다는 생각이 들었다. 이상하게도 선생님에게는 그래도 될 것 같았다. 다음 날 밤, 나는 선생님을 만나 모든 것을 털어놓았다. 눈물이 나려는 것을 간신히 참아가면서. 내가 왜 이렇게 약해졌나 싶었다. 선생님은 한참 내 얘기를 들으시더니 마치 다 안다는 눈빛으로 말씀하셨다.

"신기하네요. 우리 집도 태우 씨랑 굉장히 비슷한 환경이었거든요. 다른 점이 있다면, 나는 유학을 가긴 했었다는 거예요. 집이 갑자기 어려워지면서 어쩔 수 없이 들어와야 했지만."

"정말요?"

"난 중학교 2학년 때 영국으로 유학을 갔어요. 집이 부유한 편이었거든요. 어린 나이에 별생각 없이 떠난 유학이라 한국에서보다 더 방탕한 생활을 하게 되었죠. 영국 생활에도 금세 익숙해지고 친구들도 많이 사귀었어요. 특별히 공부하지는 않았지만, 영어도 금방 늘었고요. 활발한 성격 덕분에 영국인들과 자주 어울릴 수 있었고, 말을 많이 하면서 자연스럽게 영어를 배웠거든요. 특별한 목표나 꿈 같은 것도 당연히 없었어요. 주위의 부잣집 유학생들처럼 대학 졸업하고 한국 가면 압구정에서 놀 생각만 했어요."

나는 티는 안 냈지만 현재의 선생님과 너무도 다른 모습에 속으로 굉장히 놀랐다.

"선생님이 정말 그렇게 사셨다고요?"

"네. 잘 안 믿기죠? 나도 그래요. 근데 고등학교 2학년, IMF 직전부터 가세가 기울기 시작했어요. 부모님은 곧 괜찮아질 거라고 하시면서 나를 안심시켰지만, 상황은 점점 악화해 갔고…. 용돈이 떨어져서 내가 뭘 했는지 알아요?"

"뭘 하셨는데요?"

"내가 가지고 있는 명품을 하나씩 친구들에게 팔았어요. 그 돈으로 또 술 마시고… 어휴."

"술이요?"

"정신 못 차렸죠. 학비에 보탠 게 아니라 유흥비로 썼으니. 아르바이트 같은 거 할 생각도 없었어요. 그래도 고3 올라가면서 진로 고민을 하기 시작했는데, 영국에서는 1년 더 고등학교에 다니고 대학에 가야 했지만, 한국과 영국에서 받은 교육기간을 합치면 미국에서는 바로 대학에 갈 수 있었기 때문에 돈 아끼려고 미국 대학으로 진로를 정했어요. 그런데 미국으로 간 것이 오히려 전화위복이 될 줄 누가 알았겠어요? 저도 미국에서 멘토를 만났거든요. 그분은 인생을 열심히 살아야 한다는 조언을 많이 해주셨어요. 그분 덕에 어느 정도 정신을 차리고 여기까지 오게 되었다고 봐야죠."

"선생님도 멘토가 있으셨군요?"

"그럼요. 저도 혼자 힘으로 이렇게 된 게 아니에요."

"그렇군요. 저의 멘토에게도 멘토가 있었다니… 그러면 그 후에는 어떻게 되신 건가요?"

"어느 날 어머니가 미국으로 절 찾아왔고 저는 큰 충격을 받았어요. 집과 모든 재산이 빚쟁이들에게 넘어갔고, 우울증에 시달리던 어머니는 친척들에게 도움을 받아 미국으로 피신을 오셨다는 걸 알게 되었거든요. 그리고 아버지는 할머니를 모시고 여기저기 전전하다가 지방에 있는 월세 원룸으로 옮기셨다는 소식도 들었죠."

"정말 힘드셨겠어요."

나는 나의 과거를 말하는 것 같은 김지완 선생님의 이야기에 점점 빨려 들어갔다.

"그런데 저는 어이없게도 한국에 돌아가기 전에 운동해서 힘으로 우리 가족을 지켜야겠다는 생각밖에는 하지 못했어요. 돈을 번다거나 출세할 생각은 전혀 하지 못했지요. 지금 생각하면 참 웃긴 일이죠. 하하."

"그래도 그런 생각을 한 게 어디에요. 호호."

"어쨌든 뭐라도 해야겠다 싶어서 학교를 중퇴하고 한국에 들어왔어요. 직접 보니까 충격이 더 하더군요. 매일 찾아오는 빚쟁이들과 몸싸움을 하고 구석에서 우는 어머니, 빚쟁이들을 피해 도망 다니는 아버지를 보면서 이제부터는 내가 집을 지키겠다는 다짐을 했어요."

김지완 선생님은 눈가가 촉촉해지는 것 같더니 이내 담담하게 말을 이어 가신다.

"당장 내가 할 수 있는 일이 뭘까 생각하니, 단 한 가지 잘하는 게 영어였어요. 절박한 심정으로 동네 어학원의 문을 두드렸고 원장님에게 부탁한 끝에 강사가 될 수 있었어요. 그 후로 아침반, 저녁반이며 어린이, 성인, 토익, 회화 가릴 것 없이 돈이 되는 일이라면 무조건 뛰어다녔죠. 새벽 5시부터 자정까지 강의하고 하루 4시간만 자는 강행군을 하면서 생활비를 벌었어요. 이런 생활

을 2년 정도 하면서 아버지 재판에 도움이 될까 싶어 틈틈이 법률 서적도 읽었고, 재판이 있는 날에는 아버지를 모시고 법원에도 따라다녔어요. 군에 입대한 후에도 틈나는 대로 법률 서적을 읽었죠."

나는 선생님의 얘기를 듣다가 숙연해졌다. 이렇게까지 고생을 하셨을 거라고는 생각지도 못했다. 그 당시 선생님이 가장 행복했던 시간은 주말 저녁에 네 식구가 모여 자장면 둘, 탕수육 하나짜리 세트메뉴를 맛있게 먹을 때였다는 얘기가 가슴을 쳤다.

"태우 씨는 눈물 젖은 자장면을 먹어본 적이 있어요? 몸이 너무 아파서 잠을 제대로 못 잤는데 다시 일하러 나가야 하는 기분을 알아요? 열이 펄펄 끓어서 식은땀이 흐르는데도 강의를 끝까지 마치고 집에 돌아와 결국 기절한 적도 있어요."

"아니요, 선생님에 비하면 저는…."

나는 더 말을 잇지 못했다.

"나는 그때 수십 번 죽고 싶었어요. 이렇게 열심히 뛰는데도 앞이 안 보이나 싶고 희망이 없었어요. 그런데 가족들 때문에 죽을 수가 없었어요. 잠시 가족이 원망스럽기도 했지만 그동안 나를 키워주고 사랑해준 가족에게 이제는 내가 보답할 차례라는 생각이 들었거든요. 내가 이런 얘기를 하는 건, 나 이렇게 고생했다 뻐기는 게 아니라 태우 씨는 아직 쓴맛을 덜 봤다는 거예요. 진짜 밑바닥까지 가면 정신이 번쩍 나죠. 불평할 시간도, 이런저런 생각할 겨를도 없어요."

"그럼 저도 인생의 밑바닥까지 내려가 봐야 성공할 수 있다는 건가요?"

"반드시 바닥을 쳐야 할 필요는 없어요. 그전에 깨닫는다면 더 좋겠지요. 그리고 그런 분들도 실제로 있어요. 바닥을 치지는 않았지만 깨달은 분들이죠."

나는 한편의 인간극장을 본 것 같은 기분이 들었다. 온갖 시련을 헤치고 절망을 희망으로 바꾼 선생님의 모습이 전과는 확연히 달라 보였다. 나는 지금 얼마나 절실한 걸까. 부모님이나 원망하면서 짜증만 내고 있는 것은 아닌가 자신을 되돌아보고 있었다.

"내 얘기가 너무 길었죠. 나도 이런 얘기 누구한테 이렇게 길게 하는 건 처음이네요. 그러니까 내가 하고 싶은 말은…."

나는 김지완 선생님을 존경의 눈으로 바라보았다. 나는 이미 선생님을 나의 영원한 멘토로 모시기로 했다.

"지금 태우 씨의 상황도 달리 보면 힘이 될 수 있다는 겁니다. 주어진 상황을 비관하지 않고 헤쳐나가는 사람만이 성공할 수 있다는 것을 깨닫고 앞으로 나아가게 하는 힘을 찾는다면 말이죠. 태우 씨 안에서 살아 꿈틀대는 힘을 찾아요. 그 에너지를 발견해야만 해요. 그러면 영어실력은 물론 원하는 여행사에 취업도 하게 될 거고, 결국에는 행복해질 거예요."

나는 가슴이 벅차올랐다. 선생님에게 처음으로 말했던 나의 꿈, 최고의 여행사 CEO가 되겠다는 그 꿈을 다시 떠올려본다.

"저도 선생님처럼 될 수 있을까요?"

"물론이죠. 지금은 상상이 안 되죠? 나도 그랬어요. 근데 믿어야 해요. 믿어야만 힘을 낼 수 있어요. 부모님께 죄송하다면, 그분들을 위해서라도 힘을 내세요."

나는 오늘 아침에도 엄마 아빠를 한없이 원망했다. 오늘 아침뿐인가? 수천 번은 더 한숨을 쉬었을 것이다. 이제라도 죄송한 마음으로 더욱 열심히 공부해야겠다는 다짐을 한다. 그것만이 부모님에게 용서를 구하는 길이다. 지금 이 순간, 김지완 선생님을 만난 나는 엄청난 행운아다.

"선생님을 만나게 돼서 정말 다행이에요. 선생님이 아니었으면 아마 저는 신세 한탄만 하고 있었을 거예요. 앞으로는 스승님이자 형님으로 모실게요."

"하하. 좋아요. 하지만 영어를 다 배울 때까지는 스승님으로 대하세요. 그 후에는 얼마든지 동생으로 받아줄게요. 벌써 영어공부가 다 끝났다고 생각하는 건 아니겠죠?"

"물론입니다. 선생님!"

A MEMO from your MENTO

누구나 개인적인 사정은 있기 마련입니다. 그것이 타고난 환경과 관련된 것이건 급작스럽게 생겨난 사건이건 간에 말이죠. 그리고 많은 사람이 이런 사정을 원망만 하면서 주저앉아 있거나 이런 사정을 핑계로, 결심한 것을 더는 실행하지 않습니다.

승리자와 패배자의 차이는 바로 여기서 나타납니다. 어려운 환경을 어떻게 받아들이는지 혹은 갑작스럽게 닥친 어려움에 대해 어떻게 반응하고 대처하는 지에서 차이가 난다는 것입니다. 패배자는 자책하거나 자신에게 실망하고, 남 탓 혹은 교재 탓을 하며 영어공부를 중단합니다. 하지만 승리자는 "이럴 수 있어... 열심히 하다 보면 지칠 수도 있어..."라며 스스로 용기를 주고는 훌훌 털고 일어나 다시 한번 앞으로 나아 갑니다. 넘어질 때마다 이렇게 털고 일어나 계속해서 전진할 수 있는 것은 꼭 타고난 승리자만이 할 수 있는 행동일까요?

She can do! He can do! Why not me?

그녀도 하고 그도 하는데 나라고 못할 건 뭐냐?

23살 젊은 나이에 무일푼으로 미국에 건너가 훗날 미국의 100대 우량기업 중 하나로 선정된 벤처기업 '라이트하우스'의 CEO, 김태연 회장이 "남이 하면 나도 할 수 있다."는 뜻으로 즐겨 쓰는 말입니다. 여러분도 승리자가 되지 말라는 법은 없습니다. 승리자들이 했다면 여러분도 할 수 있습니다.

Part 4

성대모사 훈련하기

좋아하는 원어민 배우의 억양과 표정까지 모두 따라 해라

다시 태어난 느낌이란 게 이런 걸까. 모든 것이 명확해졌다. 예전처럼 쓸데없이 우울하지도 않았고, 부모님을 원망하지도 않았으며, 다른 사람과 비교하면서 신세 한탄을 하지도 않았다. 아니, 그럴 새가 없다. 뚜렷한 목표가 있고, 그 목표를 이뤄야만 하는 이유가 있기 때문에 한눈팔 시간이 없다. 노력한 만큼 성과가 나타나고 있어서 하루하루가 그저 즐거울 뿐이다. 살면서 밤에 잠이 들 때 다음 날이 기대되기는 처음이다.

오늘은 학교에 갔더니 모의 토익시험 점수가 날아와 있었다.

얼마 전에 학교에서 무료로 지원하는 모의 토익시험을 봤었다. 사실 큰 기대는 하지 않는다. 오래전부터 영어공부에 매진한 사람들에 비하면 나는 이제 겨우 3개월 동안 영어공부를 했을 뿐이다. 영어실력이 나아졌다고는 해도 실력이 워낙 바닥이어서 더 나빠질 수도 없었다. 게다가 오로지 토익시험만 준비해도 좋은 점수 나오기 어려운 판국에 딱히 토익 중심으로 공부한 것도 아니다.

별생각 없이 봉투를 뜯었다. 그런데 지금 내 눈앞에 보이는 이 숫자가 내 점수 맞나? 봉투를 다시 확인했다. 분명히 내 이름이 적혀 있다. 그래도 도무지 믿기지가 않아서 숫자를 보고 또 본다. 그렇다. 아무리 봐도 이 점수가 맞다! 700점! 50점이 올랐다. 내가 놀란 것은 한 번도 300점을 넘기지 못했던 LC 점수가 400점을 넘었다는 것이다. 토익공부를 각 잡고 제대로 한 것도 아닌데 이 점수라면, 제대로 공부만 한다면 분명히 승산이 있다. 심지어 이게 시작일 뿐이라는 생각마저 들었다.

'내 영어실력이 어디까지 좋아지려고 이러는 거지? 하하하! 아 그런데… RC점수는 좀 떨어졌구나.'

아무튼, 김지완 선생님의 방법대로 했더니 외국인과 대화를 할 수 있었다. 그러더니 토익점수까지 잘 나왔다. 3개월 동안 시키는 대로 꾸준히 공부했을 뿐인데! 이렇게 앞으로 3개월을 더하면? 그렇게 1년이 되면? 상상만 해도 웃음이 난다. 자, 이제 성대모사 훈련 시작이다!

3개월 동안 같은 학습법으로 훈련하느라 수고하셨습니다. 영어 실력이 늘고 있다는 게 좀 느껴지나요? 꾸준히 공부하는 게 얼마나 중요한지 다시 강조하지 않아도 이제는 잘 알 거라 생각합니다. 지난번에 예고한 대로 이번 단계는 성대모사 훈련을 하게 됩니다.

'성대모사 훈련이라… 드디어 하는구나.'

여러분은 연예인이나 유명인사를 성대모사 해 본 적 있나요? 누구나 살면서 한 번쯤 유명인사나 연예인의 성대모사를 해 본 적이 있을 겁니다. 유명인사, 연예인을 성대모사 할 수 있다면 원어민의 영어도 성대모사 할 수 있지 않을까요?

영어의 기본 문형을 모두 숙달한 여러분은 이제 기본 문형을 벗어난 다양한 표현과 좀더 원어민다운 억양 및 발음을 익혀야 합니다. 그리고 이런 연습에 가장 효과적인 것이 바로 자신이 동경하거나 좋아하는 유명인을 성대모사 하는 것입니다.

그럼 왜 하필 성대모사의 대상이 자신이 동경하거나 좋아하는 유명인이어야 할까요? 바로 동기 부여적인 측면 때문입니다. 성대모사 하려는 대상과, 외모는 같아질 수 없어도 그의 말투와 표현은 똑같아지려고 노력하세요. 표정까지 따라 해야 합니다. 마치 배우가 된 것처럼 말이죠. 코미디언들이 성대모사 하는 모습을 보면 목소리뿐 아니라 표정과 제스처까지도 똑같이 따라 합니다. 단순히 웃기기 위해서 그러는 게 아닙니다. 그런 식으로 따라 해야 똑같은 소리를 낼 수 있기 때문입니다.

   이것보다 빠르고 효과적인 발음교정 방법은 이 세상 어디에도 없습니다. 어렸을 때 친구들과 서로의 말투를 따라 하며 장난을 치듯 그런 즐거운 마음으로 원어민의 음성을 150% 완벽하게 따라 해보기 바랍니다. 화이팅!

롤모델 성대모사 1단계 학습 방법

1	좋아하는 배우를 선정하고 그가 출연한 영화와 스크립트를 구한다.
2	선택한 배우가 나오는 장면의 스크립트를 보면서 큰 소리로 따라 말한다. 자신이 연기한다는 생각으로 영화에 집중한다. 이때 자연스러운 제스처를 위해 앉아서 하지 말고 서서 하는 것을 권장한다. 대략 10~15문장씩 묶어서 반복해서 듣고 성대모사를 하며 영화배우의 제스처까지도 완벽하게 따라 한다.
3	틈틈이 대본을 읽는 연습을 한다. 대중교통 안에서는 머릿속으로 성대모사 하거나 작은 소리로 해도 괜찮다.
4	모르는 단어가 있으면 처음부터 찾아보지 말고 2~3번 성대모사를 하면서 뜻을 추측해 보고, 그래도 뜻이 궁금한 단어가 있을 때만 단어를 찾아본다. (단어 검색은 최소한으로 제한한다.)
5	녹음을 해서 그 배우와 정말 비슷하게 말할 수 있을 때까지 반복적으로 연습한다. 배우가 대사를 말하기도 전에 먼저 말하는 수준이 되면 한 편의 영화를 완벽하게 숙달한 것으로 보고 다음 영화로 넘어간다. (처음 연습하는 학습자는 한 편의 영화를 최소 10번에서 20번을 보고 연습해야 숙달할 수 있다.)

저는 일단 할리우드 배우를 성대모사 할 것을 권합니다. 아무래도 정치인이나 기업가보다는 영상을 구하기 쉽고 내용도 낯설지 않아서 지루하지 않게 할 수 있기 때문입니다. 좋아하는 배우가 나오는 미드나 영화를 골라 정말 자신이 할리우드 배우가 되었다는 상상을 하며 최대한 원어민처럼 성대모사 하세요. 그리고 처음 성대모사 했을 때와 10번 정도 성대모사 한 후 본인의 발음을 비교해 보세요. 놀라울 정도로 달라져 있을 것입니다.

'저 영화나 미드 좋아하는 거 아시잖아요. 흐흐. 뭘 선택하지. 벌써 고민되네.'

나는 고민 끝에 톰 크루즈를 롤모델로 삼기로 했다. 이유는? 잘 생겼으니까! 나처럼 키가 작으니까! 톰 크루즈의 영화 중에서는 〈제리 맥과이어Jerry Maguire〉를 골랐다. 2개월 후에 엄마 아빠한테 톰 크루즈로 변신한 내 목소리를 들려 드려야지. 벌써 기대가 된다. 물론 부모님은 내가 케이티 홈스 같은 아내를 만나고 수리 같은 딸을 낳으면 몇 배 더 기뻐하시겠지만.

나는 영화를 결정하자마자 구글Google에서 영화 대본을 찾아 출력하고 학교 미디어 자료실로 향했다. 〈제리 맥과이어〉 DVD를 대여한 뒤 영화를 틀자 다행히 영어 자막을 선택할 수 있었다. 그래서 출력한 대본과 화면을 번갈아 볼 필요는 없었다. 일단은 영화를 쭉 보면서 톰 크루즈의 대사가 나오는 부분을 대본에 형광펜으로 표시하고, 언제든 다시 찾아서 볼 수 있도록 해당 타임코

드도 대본에 표시했다.

  총 50개의 장면을 선정해서 하루에 한 장면씩 연습하기로 계획을 세웠다. 처음에는 우선 발음만 따라 말하려고 했는데 잘 안 되었다. 말도 너무 빠르고 발음도 정확하게 들리지 않는데다 아무리 흉내를 내도 그런 억양이나 발음이 나오질 않았다. 그때 갑자기 표정과 제스처까지 따라 하라는 선생님의 당부가 생각났다. 나는 톰 크루즈의 표정을 유심히 보기 시작했다. 얼굴의 근육과 입의 모양까지 모두 유심히 살펴본 후 흉내를 내기 시작했다. 그러자 훨씬 비슷한 소리를 낼 수 있었다. 나는 기뻐서 혜연이에게 전화를 걸었다.

"혜연아, 연습 잘돼 가?"

"응. 이거 재미있는데? 그동안 단순한 문장만 연습하니까 좀 지겨운 맛도 있었는데, 뭔가 단계가 올라갔다는 느낌도 들고 좋아."

"흐흐. 나도 그래. 넌 누구 골랐어?"

"난 사라 제시카 파커. 〈섹스 앤드 더 시티 Sex and the City〉로 연습하고 있어."

"너도 이제 시크한 뉴요커가 되는 것이냐? 흐흐"

"당근이지. 히히. 나도 사라 제시카 파커가 연기하는 캐리처럼 멋진 뉴요커가 될 거야."

"오호. 기대된다. 근데 난 처음에는 따라 말하기가 어려웠는데 하다 보니까 좋은 방법을 찾았어. 알려줄까?"

"뭔데?"

"코미디언들이 성대모사 할 때, 표정이랑 제스처까지 따라 하잖아. 우리도 그렇게 해야 발음도 훨씬 잘되고 따라 하기 수월해."

"그거 선생님이 이미 알려주신 방법이잖아. 오빠는 선생님 글을 대충 읽은 거야?"

"어? 그게 아니라, 기억하고는 있었지만 진짜로 해 보니까 그렇다고 말해주는 거야."

머쓱해진 나는 황급히 변명했다.

"그거 전에 TV 다큐멘터리에도 나왔었어. 〈성대모사의 비밀〉인가 하는 프로그램이었지, 아마. 실험을 보여주는데 소리가 똑같이 나오려면 표정이랑 몸짓까지 따라 해야 하더라고. 무표정으로 말하면 성대모사의 달인들도 그 소리가 안 나오던데? 참 신기하더라."

"아. 그랬구나. 그런걸 알았으면 진작 말해주지 그랬어."

"어이구. 일단 선생님이 하라는 대로나 잘해. 선생님이 괜한 거 시키시겠어?"

"알았다. 화이팅 해라."

나는 잘난 척 좀 하려다가 망신만 당한 것 같아 창피했다. 그리고 김지완 선생님이 역시 괜한 걸 시킨 게 아니었다는 사실을 다시 깨닫고는 더 열심히 하기로 마음먹었다.

그 후로 하루에 한 장면씩 틈나는 대로 대본을 보면서 연습한 지 두 달이 지났다. 얼굴은 톰 크루즈가 아니지만 그래도 발음과 소리는 점점 비슷해지고 있었다. 얼굴까지 닮아가면 참 좋으련만. 뭐, 아직 완성되었다고 말할 단계는 아니라도 빨리 나의 모습을 선생님께 보여 드리고 평가받고 싶었다.

"태우야. 설거지는 그만하고 저기 가서 주문 좀 받아라."

주인아저씨가 가리키는 곳을 보자 금발과 빨간 머리의 외국인 여자 손님 둘이 앉아 있었다.

"너 요즘 톰 크루즈 따라 하는 연습한다며. 가서 톰 크루즈처럼 주문 좀 받아봐."

"네에? 창피하게 무슨 말씀이세요."

"뭐 어때, 못 알아보면 그만인 거잖아. 어차피 주문은 받아야 하고. 손해 볼 것 없잖냐."

주인아저씨의 강요에, 나는 못 이긴 척 외국인이 앉아 있는 테이블로 가서 그동안 연습한 표정과 억양으로 메뉴판을 건네며 몇 마디 했다. 하지만 손님들은 아무런 반응이 없었다. 나는 자리로 돌아와 주인아저씨를 원망하듯 말했다.

"거 봐요. 아저씨. 괜히 창피하게 부자연스러운 말투로 말해버렸잖아요."

"뭐 어때. 망신당한 것도 아니면서. 난 따귀라도 맞기를 기대했건만. 흐흐. 그래도 너 되게 영어 잘한다. 점점 더 느는 거 같아."

아저씨와 티격태격하는 사이 그 손님들이 다시 나를 불렀다. 나는 주문을 받으면서 내 발음과 억양이 원어민들이 듣기에는 톰 크루즈와 조금이라도 비슷한지 확인해보고 싶어졌다.

"May I bother you for a while?" 잠깐 실례해도 될까요?

"Sure." 물론이죠.

"Well. It might sound ridiculous but do I sound like Tom Cruise?" 저기. 좀 터무니없게 들릴지는 모르겠지만 제가 말하는 게 톰 크루즈와 비슷한가요?"

"I'm sorry?" 뭐라고요?

"Actually, I practice English every day with a movie. And I've tried to mimic Tom Cruise. So, I'm curious if I sound like Tom Cruise." 사실 전 매일 영화를 이용해서 영어를 연습하고 있어요. 톰 크루즈를 흉내 내고 있거든요. 그래서 제가 혹시 톰 크루즈와 비슷하게 말하는지 궁금해요.

"Oh, I get it. I think you sound like Tom Cruise, doesn't he?" 아. 알겠어요. 제 생각엔 당신은 톰 크루즈와 비슷하게 말하는 것 같아요. 그렇지?

빨간 머리의 여자가 동의를 구하는 표정으로 옆에 있는 친구를 쳐다보며 말했다.

"Yes. I think so, too. You have a pretty attractive voice." 맞아. 나도 그렇게 생각해. 당신 목소리는 참 매력적이에요.

쏟아지는 칭찬에 부끄러워하는 나를 보며 금발의 여자가 말했다.

"Actually I thought you were hitting on me because of the way you were talking to me." 사실은 말투 때문에 저한테 집적대는

줄 알았어요.

"Really? Then I shouldn't speak like that." 정말요? 그럼 그렇게 말하면 안 되겠군요.

"No, no. I was just kidding. You have really good pronunciation. Have you been abroad to learn English?" 아니에요. 농담한 거예요. 당신 발음은 정말 좋은 것 같아요. 영어 배우러 외국에 갔다 온 적이 있나 봐요?

"No, I haven't been anywhere. Anyway thank you so much." 아니요. 아무 데도 안 갔어요. 아무튼, 매우 감사합니다.

"뭐라니? 왜 이렇게 신 나?"

들뜬 마음으로 주문을 받아오자 주인아저씨가 물었다.

"저 보고 톰 크루즈랑 말하는 게 비슷하대요. 이건 좀 공치사일 수도 있지만 외국에 어학연수 다녀왔느냐고도 물어 보던데요. 제 발음이 괜찮게 들렸나 봐요. 헤헤헤."

이 일을 계기로 나는 성대모사 훈련에 더욱 열을 올렸다. 그리고 두 번째 영화는 톰 크루즈의 〈마이너리티 리포트 Minority Report〉를 골라 다시 2개월 치 계획표를 짰다.

A MEMO from your MENTO

3단계 〈성대모사 훈련〉만 정복해도 기본적인 대화는 물론 거래처 바이어와의 미팅도 어렵지 않은 수준에 올라설 것입니다. 하지만 이 수준을 유지하기 위해서는 꾸준한 노력이 필요합니다. 방법은 아주 간단합니다. 자기가 좋아하는 영화나 미드를 구해서 하루에 30분씩 일주일에 최소 1번에서 3번 정도 성대모사 훈련을 하는 것입니다.

그리고 실력을 좀더 개선하고 싶다면 위와 같은 노력에 '한 가지'를 추가로 해야 합니다. 바로 '길게 말하기 연습'인데요, 길게 말하기란 〈바꿔 말하기 훈련〉이나 〈성대모사 훈련〉처럼 한 문장씩 끊어서 연습하는 것이 아니라 연설을 하듯이 길게 말하는 것입니다. 참고로 스티브 잡스의 프레젠테이션, 오바마 대통령의 연설문 등이 길게 말하기의 좋은 연습재료가 됩니다. 길게 말하기 연습 역시 바꿔 말하기와 성대모사 훈련법을 적용해야 효과를 얻을 수 있으며 관련 내용은 다음 과와 부록을 참고 하세요.

10 번째 만남

최고가 되려면 최고의 모든 것을 따라 해라

　내가 톰 크루즈로 되어 가는 사이, 마지막 학기도 반이나 지났다. 이제 정말 졸업까지 얼마 남지 않은 것이다. 본격적인 취업시즌이 다가오면서 다른 친구들은 더욱 분주해졌다. 토익점수처럼 기본적인 것은 미리 확보해놓고 모의면접을 통해 실전연습을 하고 있다.

　이맘때면 좋은 회사에 취직한 선배들이 후배들을 위해 강의를 하러 온다. 면접에서 점수 잘 받는 방법, 자기소개서 잘 쓰는 방법, 토익 시험 준비하는 방법 등 취뽀 필살기 전수랄까. 올해도 학교에서 그런 자리를 마련하는 모양이다. 그런데 〈취업 선배들과의 만남〉 포스터를 보니 낯익은 이름이 하나 있다. 김윤식?

"김윤식이 강사로 온대. 미친 거 아니냐? 지가 무슨 우리 선배야?"

등 뒤에서 과 친구가 열을 낸다.

"이거 진짜야?"

"진짜래. 조기취업자라서 넣었나 봐. 와서 또 얼마나 잘난 척을 하겠냐? 아예 멍석까지 깔아주는데. 나는 짜증 나서 안 갈 거야."

부러움과 아니꼬움, 불안함이 뒤섞이기 시작했다. 나는? 토익 점수가 850점대로 올라서긴 했다. 확실히 LC 점수는 금방 올랐다. 매일 듣고 말하는 연습을 하다 보니 안 들리는 문제가 거의 없을 정도다. 하지만 졸업이 코앞으로 다가오자 조금씩 불안해진다. 그러던 어느 날, 인터넷 구직사이트를 뒤지던 중 꿈에도 그리던 한국 최고 여행사 비욘드 투어의 '해외 영업 및 상품기획' 분야의 구인광고 모집요강이 눈에 들어왔다. 영어권 직무의 자격요건은 '토익 900점 이상에 회화가 능통한 자'라고 쓰여 있었다. 조만간 가능한 목표였다. 회화가 아주 능통하지는 않지만 지난번 원어민과의 대화를 통해 한번 도전해볼 만하다는 자신감이 생겼다. 문제는 그다음 줄에 있는 채용과정이다.

1차: 이력서 및 자기소개서
2차: 외국어(영어/일어/중국어) 면접 또는 자기소개 프레젠테

이션 선택
3차: 임원 면접

1차와 3차는 어떻게든 해 본다지만 영어 면접이나 프레젠테이션은 어떻게 한단 말인가. 내가 할 줄 아는 건 톰 크루즈 흉내 내기뿐이다. 면접관 앞에서 기막히게 톰 크루즈 흉내를 낸다고 합격시켜 줄 것인가? 고민이 점점 깊어져 갔고 결국 내 인생의 멘토, 김지완 선생님에게 상담했다.

"선생님, 저는 이제 어떻게 해야 하나요? 사실 이력서에 딱히 쓸 말이 없거든요. 특기에다가 '톰 크루즈 흉내내기'라고 쓸 수도 없고…. 프레젠테이션할 때 액션배우처럼 말할 수도 없잖아요."

"너무 초조해하지 마세요. 다 방법이 있으니까. 면접관 앞에서 톰 크루즈 흉내를 내면 미친놈이겠지만, 스티브 잡스처럼 프레젠테이션을 한다면? 버락 오바마처럼 말한다면 어떨까요?"

"제가 어떻게… 전 영어 프레젠테이션을 한 번도 해 본 적 없는데요."

"이미 하고 있어요."

"제가요?"

"지금 톰 크루즈처럼 말할 수 있죠?"

"네. 그건 그렇지만…."

"태우 씨는 두 달여 만에 톰 크루즈가 됐어요. 이제는 톰 크루즈 대신 스티브 잡스를 연습하는 거예요. 나를 믿어요."

"근데 영어 면접이나 프레젠테이션은 영화랑은 좀 다르지 않나요?"

"성대모사라는 훈련법은 똑같잖아요. 내가 카페에 롤모델 성대모사 2단계 학습 방법을 올려놓을 테니 내일 확인하세요."

"그런데 모집요강을 보니까 3주 후까지 이력서를 받더라고요. 만약 이력서가 통과되면 한 달 내로 프레젠테이션을 하게 될 것 같은데 그전까지 준비할 수 있을까요?"

"음. 뭔가 착각을 하고 있네요."

"네?"

무슨 말인지 의아한 나는 되물었다.

"프레젠테이션이야 한 달밖에 준비할 시간이 없지만 지난 6개월간 태우 씨는 충분히 영어 말하기 연습을 했어요. 지금 단계에서 태우 씨에게 필요한 것은 프레젠테이션에 어울리는 멋진 말투와 발표태도, 그리고 충실한 내용의 자기소개서뿐이에요."

"아, 그렇네요."

"사실 자기소개서만 잘 쓰고, 그걸 영어로 바꿔서 말하는 연습만 잘해도 굳이 프레젠테이션 연습은 할 필요가 없어요. 이미 기본기는 다져져 있으니까요. 다만 태우 씨의 부족한 스펙을 프레젠테이션으로 확실하게 메우기 위해서 일종의 필살기로써 연습할 필요가 있는 거죠."

"아, 알겠습니다. 저 잘할 수 있겠죠? 선생님 제자니까요."

"하하하. 그렇다고 해두죠."

내가 과연 할 수 있을까 하는 의구심이 들었다. 하지만 김지완 선생님이 믿어야 이루어진다고 말씀하시지 않았는가? 나는 나를 믿어보기로 한다. 다음 날 카페에 들어가 보니 약속대로 김지완 선생님의 새로운 글이 올라와 있었다.

잠은 푹 잤나요? 편안한 마음으로 훈련해야 더 빨리 익힐 수 있으니까 먼저 마음을 편히 가지세요. 올해 안 되면 내년에 다시 도전할 수 있잖아요? 할 수 있다는 믿음이 필요합니다. 믿음이 없다면 내년이 아니라 후년에도 안 될 겁니다.

이제부터 영화 성대모사는 일주일에 2-3번씩 하고 추가로 한 가지를 더 해야 합니다. 바로 길게 말하기입니다. 길게 말하기란 한두 문장의 단문장이 아니라 자신이 연설하듯 혹은 남을 설득하듯 영어를 길게 말하는 것입니다. 프레젠테이션이나 연설이 이런 길게 말하기에 포함됩니다. 길게 말하기 연습은 바꿔 말하기와 성대모사, 이 두 가지 방법을 병행해야 좋은 효과를 얻을 수 있습니다.

"지금까지 배웠던 모든 것을 다 해야 하는구나. 정신 바짝 차리자."

프레젠테이션 훈련

연설문이나 프레젠테이션처럼 한 사람이 길게 말하는 대본과 MP3 파일이나 동영상파일을 입수합니다. 예를 들어, 오바마 대통령이나 스티브 잡스의 연설문, 미국의 자기계발 명사 브라이언 트레이시의 강연도 좋습니다. 이때 영문은 물론이고 한글 해석까지 구해야 바꿔 말하기와 성대모사 훈련을 모두 할 수 있겠죠? 특히 어떤 상황에도 대비할 수 있으려면 다양한 장르의 뉴스, 강연, 연설 등을 섭렵하는 것이 좋습니다. 자신이 좋아한다고 한 분야만 공부하지 말고 다양한 분야를 학습하기 바랍니다. 태우 씨는 시간이 얼마 남지 않았으니 일단 스티브 잡스의 아이폰iPhone 발표회 영상을 구해서 연습하도록 하세요.

우선 나는 인터넷을 뒤져 스티브 잡스의 아이폰 발표회 영상과 스크립트를 구했다. 그리고 진지하게 그의 프레젠테이션을 경청하기 시작했다. 끝까지 본 후에는 그의 표정과 몸짓에 주목해서 다시 한 번 더 본다. 편안한 옷차림과 무대, 그리고 그만큼 편안한 말투의 스티브 잡스를 보자 왜 그가 최고의 프레젠터인지 알 수 있었다.

'과연 내가 저렇게 발표할 수 있을까?'

편안하게 말하는 스티브 잡스의 발표를 접하니 오히려 긴장되었다. 하지만 더 큰 문제는 자기소개 프레젠테이션의 내용을 무엇으로 채울 것인가였다.

'안 되겠다. 또 김지완 선생님께 물어봐야지.'

다음 날 선생님을 찾아가기로 마음을 먹은 나는 일단 아르바이트를 하기 위해 성공포차로 갔다.

"아저씨, 저 왔어요. 혜연아 안녕?"

"어서 와라."

"오빠 왔어? 오늘은 좀 빨리 왔네. 그럼 나 먼저 가도 될까? 히히."

"왜? 프레젠테이션 미션 때문에?"

"응. 기대돼. 난 누구로 할지 벌써 정했어."

"누군데? 오프라 윈프리?"

"그 사람도 좋지만 아무래도 프레젠테이션하면 정치인이잖아. 난 힐러리 클린턴으로 정했어."

"와. 멋지겠다."

"그렇지? 얼른 집에 가서 영상이랑 대본 구해야겠어. 오빠는 누구 선택했어?"

"난 스티브 잡스. 일단 취직을 해야 하니까 정치인보다는 기업인이 왠지 더 좋을 것 같아서."

"괜찮다. 잘해, 지금까지 했던 것처럼. 알았지?"

"어. 너도 수고해라."

혜연이가 돌아가고 가게 일을 하면서 나는 어떤 내용으로 자기소개서를 쓸지 계속 고민했다.

"휴~ 설거지 다 했어요, 아저씨. 지금 또 할 거 있어요?"

아저씨는 대답이 없다.

"아저씨? 뭐하세요?"

"응? 으응? 아니 저기 저 손님 얘기가 참 재미있어서 듣고 있었어. 뭐라고 했니?"

아저씨가 웃으며 말했다.

"설거지 다 했다고요. 뭐 다른 일 할 거 없으면 잠깐 앉아서 자기소개서 좀 써보려고요."

"그렇게 해."

"근데 무슨 얘기를 그렇게 재미있게 들으세요?"

갑자기 궁금해진 나는 아저씨에게 물었다.

"그냥 회사 얘기야. 그런데 어쩜 저리도 말재주가 좋은지 꼭 라디오 사연을 듣는 것처럼 재미있네."

"그래요?"

아저씨의 말을 듣고 더욱 궁금해진 나도 손님의 이야기에 귀를 기울이기 시작했다. 40대 후반쯤 되었을까? 구수하게 생긴 얼굴에 간혹 흰머리가 보이는 아저씨는 직장 후배로 보이는 남자 둘에게 신이 나게 얘기하고 있었다.

"부장님. 도대체 영업부 박 부장님은 제 말을 들으려고 하지를 않아요. 자꾸 뻔한 소리 한다면서 딴청만 피우고… 죽겠습니다."

"허허. 그럴 수도 있지 뭘."

"네?"

"안 그렇겠나? 박 부장도 이 바닥에서 15년이나 있었던 사람이야. 겪을 만큼 다 겪어보고 들을 만큼 다 들어본 사람이라는 거지. 그 사람 자체가 워낙 고집이 있는 데다가 경력이 15년이나 되면 없던 고집도 생긴다네. 자네 말을 쉽게 들어주기 어려운 거지. 아닌가?"

"그렇긴 하지만요. 저는 어쩌라고요. 말이 통해야 일정도 조율하고 일을 하죠. 막무가내로 제 말을 듣지 않으니 어쩌면 좋습니까."

"내가 방법을 알려줄까?"

"네. 꼭 좀 알려주세요."

"그 사람과 친해지면 돼."

"네? 제가 어떻게 그분과 친해집니까? 나이나 경력 차이도 큰데요."

"그럼 재미있는 얘기를 해주든가. 재미있는 얘기 싫어하는 사람은 없지 않은가?"

"갑자기 무슨 재미있는 얘기를 해요?"

"자네들은 내 얘기를 재미있게 듣지 않나? 그냥 직장상사라고 억지로 듣는 건가?"

"아니요. 부장님은 워낙 말주변이 좋으셔서 얘기를 재미있게 하시잖아요."

"말주변이 없어도 얘기를 재미있게 할 수 있어. 아니 최소한 경청하게 할 수는 있지."

"어떻게요?"

"아까 말했지? 세상에 이야기를 싫어하는 사람은 없다고. 그냥 업무적으로 다가가서 사실만 전달하지 말고 이야기를 하라는 말이네. 예를 들어, 이번 경우처럼 연구개발 스케줄이 늦어졌다면 '우리 작업이 이런저런 이유로 늦어졌으니 영업 스케줄을 미루십시오'라고 사실만 전달하지 말고, 자연스럽게 이야기를 꺼내."

"어떤 이야기를 할 수 있는데요?"

"뭐, 이런 거지. 우선 풀이 죽은 모습으로 박 부장 방에 들어간 거야. 맥이 풀린 목소리로 말을 하는 거지. 그러면 박 부장이 왜 그러느냐고 묻지 않겠나?"

"그냥 혼내지 않으실까요? 젊은 친구가 힘이 없다고?"

"그럴 수도 있지. 어쨌거나 그것도 좋아. 아예 무시하는 것보다는 좋지. 그럼 혼을 낸다고 치세. 그러면 요즘 밥을 못 먹어서 그렇다고 대답하는 거야. 그럼 왜 못 먹었느냐고 묻겠지?"

"네. 그런데 그건 좀 뻔한 것 같은데요."

"계속 들어봐, 이 친구야. 그러니까 이야기를 하라는 거야. 스토리텔링Story Telling 말이야. 일이 바빠서 못 먹었다고 말하지 말고 고민이 있어서 소화가 안 된다고 말하는 거야. 그러면 또 무슨 고민이냐고 묻겠지?"

"네. 그런데 좀 빨리 결론만 말씀해주시면 안 될까요?"

눈이 반짝반짝해진 두 부하직원은 궁금하다는 듯이 재촉했다.

"궁금하지? 거봐, 자네들도 지금 내 얘기를 경청하잖아. 궁금해서. 그렇지?"

"네."

"바로 이게 핵심이야. 사람들은 정말로 놀라운 사실이 아닌 다음에야 사실 전달에는 경청을 잘 하지 않아. 그리고 잘 기억하지도 않지. 하지만 이야기는 경청을 해. 게다가 잘 기억하지. 이야기의 다음이 궁금하기 때문이야. 이게 바로 이야기의 힘이야."

"네? 그게 다예요?"

"그게 다라니? 자네들 내가 왜 회사의 모든 프레젠테이션을 도맡아 하는 줄 아는가? 난 절대로 사실만을 전달하지 않아. 사실을 이야기 형식으로 만들어서 얘기해 준다고. 그래서 사람들이 경청하는 거야."

'그렇구나…'

나는 무릎을 탁 쳤다. 스티브 잡스의 프레젠테이션이 편안하게 들리는 이유도, 그가 편안한 복장과 편안한 무대를 선택하는 것도, 그의 프레젠테이션에 사람들이 열광하는 이유도 모두 스토리텔링 때문이었다. 누구나 할머니가 집에서 해주는 옛날이야기를 좋아했던 것과 같은 이치다.

그러면 이제 내가 해야 할 일이 명확해졌다. 자기소개서를 이

야기처럼 쓰고 이야기를 하듯이 프레젠테이션하는 것이다. 뉴스 브리핑하듯이 사실만 전달하는 것이 아니라 스티브 잡스처럼 편하게 이야기해주는 것이다.

목표가 명확해진 나는 사실을 기술하는 방식의 자기소개서를 이야기 방식으로 바꿨다. 재미있는 이야기처럼 쓰려니까 말이 길어지는 단점이 있어서 내용을 좀 줄였다. 그리고 프레젠테이션에서 승부를 볼 생각으로 말하기 연습에 돌입했다.

나는 다시 한 번 스티브 잡스의 프레젠테이션을 보면서 그가 어떤 말투로 편하게 이야기하는지를 유심히 살펴보았다. 시종일관 부드러운 미소로 말을 하다가도 강조할 부분에서는 확실히 강조했다. 내용에 강약을 준 것이다. 그리고 종종 청중에게 질문을 던져서 관심을 유도했다.

그래서 나도 이런 궁금증을 유발하는 표현들을 좀더 준비하기로 했다. "I was born in Seoul. 저는 서울에서 태어났습니다." 대신에 "I was born in the future tourism capital of the world. Where is it? It's Seoul. 저는 앞으로 세계의 관광수도가 될 도시에서 태어났습니다. 그곳이 어디일까요? 바로 서울입니다."라고 표현을 바꾼 것이다.

뭔가 잘 되어가는 느낌이다. 훨씬 재미있고 튄다. 면접관들에게 강한 인상을 심어 줄 만큼 차별화된 프레젠테이션이 될 것 같다는 확신이 든다. 너무 신이 난 나는 바로 전화기를 들어 혜연이에게도 스토리텔링의 힘을 알려주었다. 마침, 평범하기 이를 데

없는 프레젠테이션을 준비하고 있던 혜연이도 내 말에 맞장구를 쳤다.

"어머. 정말 그럴듯하다. 확실히 튀어. 일단 면접에선 튀고 봐야 해. 우리보다 영어 잘하는 애들은 많겠지만 영어도 잘하고 내용도 이렇게 좋은 프레젠테이션을 하는 애들은 없을 거야. 그렇지? 오빠 정말 잘했다. 그런 건 어떻게 알았어?"

"성공포차에서 손님이 말하는 걸 우연히 들었어. 난 여기엔 루저들만 오는 줄 알았는데 김지완 선생님도 만나고 이런 얘기도 듣고…. 히히."

"그래, 주인아저씨가 전에 그러셨어. 누구나 선생님이 될 수 있다고. 나도 오빠가 내 선생님이 될 줄은 몰랐네. 좋은 정보 고마워, 앞으로 얼마 남지 않았으니까 더 열심히 해!"

"그래, 고마워."

국어를 잘한다고 해서 누구나 연설을 잘할 수 있는 게 아닌 것처럼 영어를 잘한다고 해서 누구나 길게 말하기를 잘할 수 없습니다. 길게 말하기는 우리가 스피치 학원에서 연설을 배우거나 비즈니스 영어 학원에서 프레젠테이션을 배우듯 따로 공부해야 하는 부분입니다. 그냥 친구를 사귀고 미국에서 일상생활을 하는 데는 이런 길게 말하기 기술이 필요하지 않지만 비즈니스 상황이나 특별한 행사를 대비하는 경우라면 영어정복의 마지막 단계인 길게 말하기 훈련은 반드시 거쳐야 하는 부분입니다.

물론 3단계까지만 정복해도 미국에 가서 아무런 걱정 없이 영어로 대화하고 원활히 생활할 수 있습니다. 단, 이미 언급했듯 미국 현지에서 단순 아르바이트가 아닌 취직이나 사업을 희망한다거나 영어로 멋진 인터뷰를 꿈꾸는 스포츠선수나 연예인 지망생이라면 반드시 길게 말하기 연습이 필요합니다. 일단은 이 훈련에 대해서는 생각하지 말고 3단계까지 완전하게 정복한 후에 다시 이곳으로 돌아와서 길게 말하기 훈련을 할 것인지 말 것인지 신중하게 생각해 보기 바랍니다.

마지막 만남

인생의 길이만큼 지속적으로 노력해라

    김지완 선생님이 알려주신 방법대로 프레젠테이션의 모든 준비는 끝났다. 나는 지금 한국 최대 여행사인 비욘드투어 면접대기실에 있다. 수백 번 연습했기 때문에 크게 긴장되진 않는다. 김지완 선생님은 많이 연습하면 자신감이 생기고, 자신감이 생기면 떨지 않게 된다고 하셨었다. 정말 선생님 말씀 그대로였다. 이제 평소에 하던 대로만 하면 된다. 나는 속으로 화이팅을 힘차게 외쳤다. 그때 김태우, 내 이름 석 자가 불린다. 크게 심호흡을 하고 면접장 안으로 들어갔다.

    "Here's a boy's story. He was born in the future tourism

capital of the world." 한 아이의 이야기를 해 드리겠습니다. 그 아이는 앞으로 세계의 관광수도가 될 도시에서 태어났습니다.

나는 여유 있는 표정으로 이야기하듯이 자기소개 프레젠테이션을 시작했다. 그리고 면접을 마친 나는 씩씩한 걸음으로 면접장을 빠져나왔다. 비로소 내 심장 뛰는 소리가 들린다. 스티브 잡스도 면접 볼 때는 떨었을까? 별것이 다 궁금해진다.

보름이 지났다. 그동안에도 나는 영어 말하기 훈련을 쉬지 않았다. 합격하든 안 하든 영어공부는 꾸준히 하는 것이 좋다. 비욘드투어에 합격하게 된다면 업무를 위해서 필요할 것이고, 합격을 못 한다 해도 또 다른 면접을 봐야 하니까 더더욱 필요하다. 이번에는 김지완 선생님이 시킨 것도 아니다. 너무나 자연스럽게 면접을 보고 온 날도 영어공부를 빼먹지 않았다. 정말 놀라운 일이다. 나는 기도하는 마음으로 예전과 다름없이 영어공부를 하며 지냈다.

하루 또 하루가 가고 드디어 D-day가 되었다. 나는 마음을 가라앉히고 전화기를 들었다. 그리고 내 대기번호를 꾹꾹 누른다. 잠시 후, 나는 엄마에게 전화를 걸어 말했다.

"엄마, 나 합격했어!"

김지완 선생님에게도, 혜연이에게도, 과 친구들에게도 축하를 받았다. 오늘 하루만큼은 내가 축하받을 자격이 충분하다고 생각했다.

첫 출근을 하는 날, 엄마는 나보다 더 부산하다. 첫인상이 좋아야 한다며 곱게 다린 양복을 손수 입혀주신다. 출근 첫날은 종일 회사 전체를 돌며 인사를 다녔다. 아직은 누가 누군지 분간되지 않는다. 그런데 누군가 옆 동료에게 귓속말로 하는 얘기를 듣고 말았다.

"저 친구는 학벌, 스펙은 별로인데 영어실력이 워낙 뛰어나서 뽑혔다던데? 인사과에 있는 동기가 그러더라고."

분명히 나를 가리키며 하는 말이었다. 이럴 땐 웃어야 하나 울어야 하나. 당연히 웃어야 한다. 하하하! 이렇게 웃을 날이 나에게도 오는구나. 입사 동기 가운데 영어점수가 가장 높았기 때문인지 주로 영어 관련 업무가 할당되었다. 혜연이에게 이 얘기를 했더니 믿을 수 없다는 표정이다. 하긴 나도 안 믿긴다.

그런데 입사 후 한두 달이 지나자 내 영어실력에 대한 자신감이 서서히 떨어지기 시작했다. 계약서나 약관 등 업무와 관련된 생소한 표현들을 접하게 되고 동남아시아나 영국 등의 생소한 억양을 쓰는 사람들과 전화통화를 하다 보니 원활한 의사소통이 되지 않았기 때문이다. 영어실력이 출중한 것 같지는 않지만 왠지 모르게 능숙한 선배들에게 서서히 주눅이 들어갈 무렵 나는 김지완 선생님에게 전화를 걸었다.

"음. 태우 씨 요즘엔 영어연습 안 해요?"

"아…네… 사실 신입사원 교육이다 뭐다 해서 연습을 안 한 지 좀 되었어요. 게다가 워낙 회사에서도 계속 업무적으로 영어를 접하다 보니까 더 연습을 안 했던 것 같아요."

"그렇군요. 그럼 태우 씨가 지금 겪고 있는 어려움은 미국인들도 겪을까요?"

"글쎄요. 그렇지 않을까요?"

"물론 어눌한 발음을 알아듣는 것은 쉬운 일이 아니겠지만 영어실력이 완벽하다면 그다지 큰 문제가 되는 건 아니에요. 우리도 발음이 어눌한 교포들이나 외국인의 한국말을 다 알아듣는 것처럼 말이죠. 새로운 표현들은 꾸준히 익히면 되고, 발음문제는 영어실력이 좀더 좋아지면 개선될 거에요. 태우 씨가 영어실력이 일취월장한 것은 사실이지만 아직 완벽하지는 않기 때문에 그런 어려움을 겪는 거에요."

"아. 그렇군요. 다시 연습을 열심히 해야겠어요."

"태우 씨. 인생은 길어요. 그리고 그 기간만큼 노력은 계속되어야 합니다. 항상 새로운 것을 배우고 연마하려고 노력해야 해요. 게다가 아직 태우 씨의 커리어는 제대로 시작하지 않았음을 명심하세요."

나는 선생님과의 전화통화를 마치고 책상 서랍 속에 넣어두었던 나의 서약서와 꿈 테이블을 다시 펼쳐 보았다. 사실 취업이라는 큰 성공에 도취해 이런저런 핑계로 연습을 게을리했었던 것이 사실이다. 그리고 이제 새로운 서약서와 꿈 테이블을 써야 할 때라는 생각이 들었다.

"그래 과거는 잊고 새롭게 시작하는 거야."

이렇게 다짐한 나는 전보다 더 열심히 연습에 매진하기 시작했다.

그리고 몇 달 후, 회사 내 최고의 명석한 두뇌를 가지고 있지만 영어 울렁증으로 고생하는 부장님과 함께 해외출장을 가게 되었다. 올해 말 오픈을 앞둔 싱가포르의 마리아리조트에서 한국업체를 상대로 독점적으로 제공하는 관광상품개발권을 따내야 하는 일인데, 워낙 큰 규모의 리조트인지라 국내에서 가장 큰 세 개의 회사가 PT에 참여한다고 했다. 면접 때부터 나의 영어실력을 눈여겨보았던 부장님이 나를 프레젠터로 선발해서 함께 출장을 가게 된 것이다. 이날을 얼마나 기다렸던가? 실제로 클라이언트 앞에서 영어 프레젠테이션을 하게 되는 것이다.

사실 1년도 안 된 나 같은 신입이 해외출장을 가는 것은 회사로서는 상당히 드문 일이다. 내 능력을 인정받는 것 같아 기쁘지만, 한편으로는 부담스럽기도 하다. 괜히 신입 보냈다가 결과만 안 좋았다는 소리는 죽어도 듣기 싫어서 나는 야근을 불사하며 정말 열심히 준비했다. 프레젠테이션의 제1원칙이자 스티브 잡스의 필살기인 스토리텔링을 잊지 않았다. 거기에 맞춰 비욘드투어의 장점과 우리 회사와 계약하면 얻게 되는 이익 등을 치밀하게 배치했다.

싱가포르로 향하는 비행기 안에서 나는 프레젠테이션 내용을 다시 점검했다. 연습은 충분히 했으니 이제 실전만 남은 셈이다. 마리아리조트는 듣던 대로 큰 규모를 자랑하는 초호화 급이었다. 입이 떡 벌어졌지만 계약을 따내고 이 화려한 리조트를 마음껏 즐겨주리라는 마음을 먹고는 부장님과 함께 리조트 곳곳을 둘러보기 시작했다. 사진과 설명으로만 보던 리조트의 구석구석을 살피고, 리조트와 연계된 관광지를 둘러보면서 우리의 프레젠테이션 내용을 하나씩 수정하고 점검했다.

활기로 가득한 리조트 로비와는 다르게 프레젠테이션 장은 긴장감으로 고요했지만 많이 떨리지는 않는다. 충분히 연습해야 긴장하지 않는다는 것을 잘 알기에 지난 한 달간 철저한 연습벌레로 살았기 때문이다. 세 개의 회사가 들어온다고 들었는데 아직 경쟁업체 한 군데만 와 있다. 나머지 한 회사는 보이지 않는다.

'설마 포기하는 건가…'

이런 생각을 하고 있는데 저쪽 복도에서 다급하게 뛰어오는 사람들이 보인다. 나머지 한 회사의 PT 참가자들인가 보다. 그런데, 어라? 어디서 많이 보던 실루엣인데? 가까이 다가오는 얼굴은 분명히 김윤식이었다.

'쟤는 다산은행에 취직하지 않았나? 여긴 어떻게 온 거야? 언제 여행사로 옮긴 거지. 왜 하필 여기서…'

그러고 보니 저 회사는 은행 계열사인 여행사다. 보아하니 직무를 옮긴 모양이었다. 이러거나 저러거나 내 알 바는 아니지만 영어 잘한다고 깝죽대던 애를 여기서 만나다니 이게 무슨 운명의 장난이란 말인가. 김윤식도 나를 본 것 같았지만 우리는 누가 먼저랄 것도 없이 서로 외면해버렸다. 굳이 아는 척을 할 필요는 없었다. 각자 PT에만 열중하기에도 모자란 이 판국에.

프레젠테이션은 각 회사가 단독으로 들어가서 진행하고, 이후 세 팀이 한꺼번에 들어가 질의응답을 하는 방식이었다. 한 마디로 김윤식과 맞짱을 뜨게 된다는 거다. 좋다, 까짓 거 한번 해 보자. 예전의 김태우가 아니라는 걸 보여주겠다!

영어 프레젠테이션은 크게 긴장하지 않고 무사히 마쳤다. 스티브 잡스를 벤치마킹한 나의 스토리텔링은 클라이언트의 호기심을 유발했고, 반응도 꽤 괜찮았다. 자신감 넘치는 태도로 확신을 심어주는 데 주력한 것이 효과적이었다. 프레젠테이션을 계속하다 보면 상대의 반응을 어느 정도 감지할 수 있게 된다. 예감이 좋았다.

세 회사의 PT가 모두 끝나고 잠시 휴식시간을 가졌다. 그리고 다 같이 들어가 질의응답을 진행했다. 공교롭게도 바로 옆자리에는 김윤식이 앉아 있다. 흘끔 보니 김윤식은 긴장한 티가 역력하다. 나는? 당연히 여유만만이다. 1년 전만 해도 이런 상황을 상상이나 했을까? 장하다, 김태우. 나는 갑자기 자신감이 샘솟았다.

클라이언트는 고객들이 리조트에 머무는 동안 지진, 쓰나미 등

재난상황이 닥쳤을 때 어떻게 대응할 것인지를 물었다. 나는 또박또박 명료한 어조로 비욘드투어의 신속한 재난 대비 시스템과 고객 케어 최우선 서비스에 대해 설명했다. 클라이언트는 만족한 듯 보였다. 물론 내 눈에만 그럴지도 모르지만. 다음은 김윤식 차례였다. 김윤식도 자기 회사의 시스템에 대해 말하려는 듯했는데 첫 마디부터 불안하게 말이 약간 꼬이더니 다음부터는 아예 대놓고 버벅대기 시작했다. 자기도 당황했는지 나중에는 쩔쩔매면서 응답을 마쳤다.

'쟤가 저 정도 실력은 아닐 텐데…. 내가 옆에 있어서 주눅들었나?'

나는 승자의 여유까지 갖춰가고 있었다. 과장해서 말하면, 아사다 마오를 보는 김연아의 마음을 알 것 같았다. 하하! 내가 보기에도 셋 중에 내가 응답을 제일 잘했다. 그래도 결과는 장담할 수 없는 법이다. 김윤식은 내 눈이라도 마주칠까 프레젠테이션장을 잽싸게 빠져나갔다. 자, 나는 이제 리조트를 좀 즐겨볼까?

깨끗한 도시로 유명한 싱가포르의, 명성만큼이나 맑은 하늘과 따뜻한 햇볕을 즐기던 나는 문득 지난 반 년간의 영어훈련과정이 떠올랐다. 패배의식으로 가득하던 나를 품어 안아주던 성공포차와 그 안에서 만난 사람들. 그리고 나의 멘토 김지완 선생님을 떠올리며 새삼 감사함을 느꼈다. 과연 내가 성공포차에서 일을 하지 않았다면, 나를 바꾸고 싶다는 의지가 없었다면, 김지완 선

생님을 만나지 못했더라면 나는 지금 이 이국적인 풍경과 따사로운 햇살 속에서의 여유를 즐길 수 있었을까?

  달콤한 하루 간의 휴식을 즐긴 나는 서울로 돌아왔다. 결과가 너무 궁금하지만 일에 빠져 지내다 보면 결과가 날아올 것이다. 온갖 노력을 했고, 이제 결과를 기다리는 일만 남았다. 출장 후 바로 회사에 출근했더니 직원들이 이것저것 궁금해한다. 리조트는 좋더냐, 프레젠테이션은 안 떨리더냐, 어떤 걸 묻더냐 등등. 나는 예감은 괜찮은데 결과는 모르는 거 아니겠느냐고 겸손하게 말했다. 아니, 뭐 그게 사실이니까.

  며칠 후, 업무시간에 갑자기 이사님이 나를 호출했다. 입사 이래 이사님에게 호출당한 적은 한 번도 없어서 약간 긴장한 채 이사실로 들어갔다. 이사님은 엄격하기로 회사에 소문이 파다한 분이다.

"앉게."

"네, 이사님."

"지난번에 싱가포르 마리아리조트에 자네를 보낸 건 회사 입장에서도 모험이었네."

"잘 알고 있습니다."

"사실 나도 걱정을 많이 했는데 오늘 결정이 났어. 마리아리조트 계약 건은 우리 회사가 따냈네."

"정말입니까? 감사합니다. 정말 감사합니다."

나는 애써 표정을 숨기지 않았다. 가슴이 무한대로 벅차올랐다.

"나한테 감사할 거 있나. 자네가 잘했기 때문인데. 고생 많았어. 그리고 마리아리조트에서 요청한 것도 있고 해서 자네를 담당자로 결정했으니까 열심히 해 보게."

"감사합니다. 정말 열심히 하겠습니다."

나는 이사실 문을 닫고 나왔다. 직원들도 소식을 들었는지 저쪽 사무실이 시끌벅적하다.

"태우 씨! 해낼 줄 알았어!"

과장님이 수고했다고 등을 토닥여 주신다. 동료들도 나를 에워싸며 축하한다고 격려를 해주었다. 기분이 너무 좋은데 잘 믿기지가 않는다. 설마 이게 꿈은 아니겠지? 영어 한마디 입 밖으로 못 떼던 김태우에게 이런 일이 일어나다니. 1년 전의 내 모습을 떠올려본다. 영어공부를 어디서부터 어떻게 시작해야 할지 모르던, 어학연수 가는 친구들이나 부러워하며 부모님을 원망하던 내 모습. 불과 얼마 전만 해도 내가 얼마나 철이 없었는지를 생각하니 웃음이 난다.

김지완 선생님, 나의 멘토. 선생님이 아니었다면 이 모든 일이 불가능했을 것이다. 이 벅찬 마음을 선생님에게 도대체 어떻게 전해야 할까? 내가 감사하다고 넙죽 절하면 선생님이 하실 말씀이 벌써 귓가에 들려온다.

"나는 그저 태우 씨에게 낚시하는 방법을 알려줬을 뿐이에요. 하지만 낚시하는 방법을 알려준다고 해서 누구나 대어를 낚는 것은 아니죠. 저의 지도를 충실하게 따라주고 열심히 실행한 태우 씨가 자랑스럽습니다. 하지만 전에도 말했듯이 태우 씨의 커리어는 이제 막 시작되었고 노력은 계속되어야 한다는 점 절대로 잊지 마세요."

나는 선생님을 생각하며 미소 지었다. 선생님은 내게 실행하는 것이 얼마나 중요한지, 무엇보다 꾸준히 해나간다는 것이 얼마나 중요한지를 깨우쳐 주셨다. 이건 비단 영어공부에만 해당되는 것이 아니다. 인생의 진리이기도 하다. 선생님은 불평불만에 가득 차 세상 밖으로 나가기를 두려워했던 나를 세상에 우뚝 서게 해주셨다. 오늘은 선생님과 성공포차에서 진하게 소주잔을 기울이고 싶다. 그리고 나는 지금 선생님에게 전화를 건다.

A MEMO from your MENTO

지난 10여 년간 영어교육을 하며 알게 된 모든 방법과 노하우를 여러분께 이 책을 통해 모두 알려 드렸습니다. 이제는 여러분 차례입니다. 예전처럼 방법이나 환경을 가지고 변명을 한다면 그건 자신을 속이는 것입니다. 이미 수많은 사람이 체험한 영어정복의 방법을 아주 자세히 그것도 단계별로 매달 해야 할 일 그리고 부록을 통해 추천 교재까지 전부 알려 드렸습니다.

이제는 정말 생각, 핑계, 투정, 고민 등의 쓸데없는 액션은 그만하고 "Just do it!" 실천할 차례입니다. 한국에서만 학습해도 유학 1-2년 이상의 효과를 보는 방법을 알게 되었고, 한국에서 성공하려면 영어가 필수라는 것을 뻔히 알면서도 열심히 하지 않는 것은 마치 아무렇게나 살면서 그저 언젠가는 성공하겠지 언젠가는 행복해지겠지 하고 바라는 것과 전혀 다르지 않습니다.

우리의 인생은 우리가 창조합니다. 우리가 바꿉니다. 이 세상에 내가 확실히 바꿀 수 있는 것은 단 하나, 바로 나 자신입니다. 그런 나를 더 만족스러운 나로 더 사랑스러운 나로 가꾸어 나가는 데 이 책이 조금이나마 도움이 되었으면 하는 바람입니다. 영어정복에 반드시 성공해서 이를 계기로 뭐든 할 수 있다는 자신감과 뭐든 꾸준히 하는 습관을 기르길 진심으로 기원합니다. 영어정복은 물론이고 취업과 인생까지 모두 성공할 것입니다.

부록

3단계 영어정복 프로그램 워크북

3단계 영어정복 프로그램 소개

〈3단계 영어정복 프로그램〉은 영어공부에 반드시 필요한 마인드를 확립하고 30가지 필수문형을 익히는 단계를 거쳐 완벽하게 원어민 수준으로 말하는 능력까지 연습하도록 짜인 학습 프로그램입니다. 각 단계의 목표와 미션을 확인하세요.

1. 1단계: 〈마인드 확립〉

목표 영어를 제대로, 끈기 있게 공부할 수 있도록 기본 마인드를 확립시키는 과정으로 현재의 영어 실력과는 상관없이 누구나 거쳐야 하는 기본 과정이다.

미션 1. 영어 꿈 테이블과 영어정복 서약서를 작성한다.
2. 함께 공부할 스터디 파트너를 찾는다. (선택 사항)

2. 2단계: 30가지 문형 〈바꿔 말하기 훈련〉

목표 영어 표현의 대부분은 30가지 문형으로 정리된다. 그러므로 반드시 이 30가지 문형을 완벽하게 습득해야만 상급단계로 넘어갈 수 있다. 2단계에서는 이 30가지 문형을 한글을 영어로 바꿔 말하는 연습을 통해 막힘 없이 자신의 생각을 영어로 바꿔 말하는 수준에 오르는 것이 목표이다.

미션 1. 30개의 문형을 1개월에 10개씩, 총 3개월 동안 연습한다.
2. 이 책에 제공된 문형 당 5개의 문장을 완벽하게 연습한 뒤에는 좀더 많은 문장을 다른 책이나 인터넷을 통해 찾아서

연습한다.
3. 매달 확인학습을 통해 완벽하게 문형을 익혔는지 확인한 뒤에 다음 달로 넘어간다.

3. 3단계: 〈성대모사 훈련〉

목표 자기가 가장 좋아하는 배우를 선정해서 그와 똑같이 말하고 제스처를 취하는 연습을 통해 원어민과 같은 수준의 억양과 발음, 제스처까지 익히는 고급과정이다.

미션
1. 좋아하는 배우를 선정하고 그가 출연한 영화와 스크립트를 구한다.
2. 선택한 배우가 나오는 장면의 스크립트를 보면서 크게 따라 말한다.
3. 틈틈이 대본을 읽는 연습을 한다. 대중교통 안에서는 머릿속으로 성대모사 하거나 작은 소리로 해도 괜찮다.
4. 녹음해서 들어봤을 때 그 배우와 정말 비슷하게 말할 수 있을 때까지 반복적으로 연습한다.

4. 특수과정: 〈프레젠테이션 훈련〉

목표 프레젠테이션 같은 고급기술 즉, 길게 말하기를 연마하는 것을 목표로 한다.

미션 〈성대모사 훈련〉과 같은 방법으로 연습하되 스티브 잡스나 오바마 대통령 등 원어민들에게도 인정을 받는 최고의 프레젠터들의 영상으로 연습한다.

레벨테스트

수준별 교육과정 배치를 위한 레벨테스트를 실행해 보세요. 이어 나오는 기본 레벨테스트와 심층 레벨테스트를 한 후 아래의 표를 참고 해서 자신의 레벨과 학습 그룹을 알아보면 됩니다. 해당 MP3 파일은 아래 카페에서 무료로 내려받을 수 있습니다.

- 김지완 선생님 카페: www.30school.com
- 비욘드올 카페: http://cafe.naver.com/dasanbeyond

레벨 안내표

훈련 과정	해당 레벨	특징
1단계: 마인드 확립	모든 레벨	영어를 배우는 기본 마인드를 확립시키는 과정으로 현재의 영어 실력과는 상관없이 누구나 거쳐야 하는 기본 과정이다.
2단계: 30가지 문형 〈바꿔 말하기 훈련〉	레벨 1 레벨 2 레벨 3	2단계를 끝마치면 듣기실력은 부족하지만 투박하게라도 영어로 자신의 생각을 말할 수 있는 수준에 오른다.
3단계: 〈성대모사 훈련〉	레벨 4	3단계를 끝마치면 유학 1-2년 차 학습자와 비슷한 수준으로, 일상생활 수준의 말하기와 듣기가 모두 가능하며 미국에 당장 건너가 영어로만 진행되는 수업에 참여할 수 있는 수준에 오른다.

1. 기본 레벨 테스트

A. 다음 문장을 영어로 바꾸어 큰 소리로 말해 보세요.

1   그녀는 조깅을 하고 있다.

2   그녀의 어머님은 일요일마다 교회에 가신다.

3   나는 아침 8시에 일어난다.

4   넌 몇 시에 일어나니?

5   그들은 야구를 하고 있다.

6   나의 아내는 너무 착하다.

7   누가 크리스니?

8   왜 너희 아버님은 5시에 일어나시니?

9   난 공부하고 있어.

10 내 남동생은 나보다 키가 크다.

B. 정답 🎧 MP3 01

1 She is jogging.

2 Her mother goes to church every Sunday.

3 I get up at 8 in the morning.

4 What time do you get up?

5 They are playing baseball.

6 My wife is too kind.

7 Who's Chris?

8 Why does your father get up at 5?

9 I'm studying.

10 My younger brother is taller than me.

C. 레벨 안내

레벨	정확히 맞힌 개수	설명
1	0~2개	중학교 1학년 영어교과서 수준보다 아래이다. 한 마디로 왕초보이다. 〈심층 레벨테스트: 레벨 1용〉을 통해 영어를 읽을 수 있는지도 점검해 보아야 한다.
2	3~4개	중학교 1학년 영어교과서 정도의 수준이다. 왕초보와 초보 그 중간쯤에 있다. 3개월간 바꿔 말하기 훈련을 열심히 한다면 충분히 3단계 훈련과정으로 넘어갈 수 있다.
3	5~7개	어느 정도 기초적인 바꿔 말하기가 가능한 수준이다. 3개월간 시행하는 2단계 훈련 과정을 2달만 하고 3단계로 넘어갈 수 있는지 〈심층 레벨테스트: 레벨 2, 3, 4용〉을 통해 좀더 정확히 알아봐야 한다.
4	8~10개	〈심층 레벨테스트: 레벨 4용〉에 따라 3개월간 시행하는 2단계 훈련 과정을 1달만 하거나 아예 건너뛰고 3단계 훈련 과정으로 건너뛸 수 있는 수준이다.

2. 심층 레벨테스트: 레벨 1용

A. 다음 단어들을 읽어 보세요.

1   Zoy

2   shore

3   trink

4   tootle

5   zoop

6   telebike

7   bamboo

8   Rio

9   thrive

10   Minhall

B. 정답 및 학습 안내   🎧 MP3 02

- CD를 듣고 원어민의 발음과 비교해 가며 제대로 읽은 단어가 몇 개인지 채점한다. 제대로 읽은 단어가 5개 미만이라면 2단계 훈련과정에 들어가기 전에 영어로 읽는 법부터 배워야 한다. Phonics(파닉스)교재를 사서 일단 영어 읽는 법부터 배워야 한다. 파닉스를 마스터 해야 읽을 수 있고, 그래야만 암기가 아닌 제대로 된 영어 말하기 학습을 시작할 수 있다.
- 5개 이상 맞혔다면 3개월간 시행하는 〈2단계: 바꿔 말하기 훈련〉의 첫 달부터 천천히 단계별로 밟아 나가면 된다.

3. 심층 레벨테스트: 레벨 2, 3, 4용

A. 다음 문장을 영어로 바꾸어 큰 소리로 말해 보세요.

1　그는 꼭 그의 숙제를 해야만 한다.

2　그녀는 농구하는 것을 좋아하지 않는다.

3　너 미국 가 본 적 있니?

4　나는 커서 의사가 될 것이다.

5　나는 서울에 5년간 살았다.

6　그녀가 여기에 몇 시에 올까?

7　그녀가 나의 전 여자친구일 리 없다.

8　그만 뛰어라!

9　그녀는 한 번도 랍스터를 먹어 본 적이 없다.

10　그녀가 학생일 리 없다.

B. 정답 🎧 MP3 03

1 He has to do his homework.

2 She doesn't like to play basketball.

3 Have you been to America?

4 I will be a doctor when I grow up.

5 I have lived in Seoul for 5 years.

6 What time will she be here?

7 She can't be my ex-girlfriend.

8 Stop running!

9 She has never eaten a lobster.

10 She can't be a student.

C. 학습 안내

- 맞힌 개수가 5개 이하라면 고민할 것 없이 3개월간의 〈바꿔 말하기 훈련〉의 맨 처음부터 학습하면 된다.
- 6개 이상 맞혔다면 3개월간의 〈바꿔 말하기 훈련〉의 첫 달은 건너뛰고 두 번째 달부터 시작해도 좋다.
- 8문제 이상 맞혔다면 3개월간의 〈바꿔 말하기 훈련〉의 3번째 달부터 학습해도 좋다. 8개 이상 정확히 바꿔 말했다는 것은 이미 바꿔 말하기 실력이 3번째 달부터 학습하기에 적합하다는 증거이다.
- 8개 이상 맞혔다면 레벨 4용 테스트 결과에 따라 2단계 훈련을 모두 건너뛰고 3단계 훈련으로 바로 넘어갈 수 있다.

4. 심층 레벨테스트: 레벨 4용

A. 지문을 듣고 아래 문제들을 풀어 보세요. 🎧 MP3 04

1 John은 약속 시간에 이미 ____시간 늦었다.
   a. 1시간   b. 2시간   c. 3시간   d. 4시간

2 John은 평소 _____한 사람이다.
   a. 약속을 어기는   b. 약속을 잘 지키는
   c. 늦게 일어나는   d. 약속을 잘 잊어버리는

3 여자는 어디로 전화를 걸자고 제안했는가?
   a. John의 휴대전화   b. John의 사무실
   c. John의 집   d. John의 부인

4 John과의 약속 시간은?
   a. 1시   b. 2시   c. 3시   d. 4시

5 대화 속 남녀는 정확한 약속장소에서 기다리고 있나?
   a. 그렇다   b. 아니다

B. 리스닝 지문 및 정답

B-1 리스닝 지문

> **Jay** John was supposed to meet us here an hour ago. I wonder what happened.
> **Claire** Yes, me too. He is never late for appointments.
> **Jay** Yes. He is always reliable and punctual. Do you think something might have happened?
> **Claire** Don't be silly. I'm sure he is alright. Why don't we call him up at his house?
> **Jay** By the way, are we waiting for him at the right location?

B-2 정답

1. a **2.** b **3.** c **4.** c **5.** a

C. 학습 안내

추측이 아닌 자신의 실력으로 4문제 이상 맞혔고, 어려움 없이 지문을 잘 들었다면 2단계 훈련을 건너뛰는 것이 가능하다. 단, 2단계 훈련 중에 자신이 잘 모르거나 확실하지 않은 문형이 있다면 반드시 연습한 후에 3단계 훈련으로 넘어가야 한다.

1단계 훈련 실시하기

이제부터 1단계 훈련인 〈마인드 확립〉부터 실시하겠습니다. 하루도 좋고 일주일도 좋으니 심사숙고한 후에 〈꿈 테이블〉과 〈영어정복 서약서〉를 작성하세요. 작성한 문서는 반드시 매일 볼 수 있는 곳에 붙여두고 하루에 한 번 이상은 읽어보아야 합니다.

1. 영어 꿈 테이블 작성하기

구체적인 목표	
목표 달성 시 즐거워해 줄 사람	
내가 지불해야 할 대가	

* 참고: 〈슈퍼맨실천법 30〉(김지완 저)

2. 영어정복 서약서 작성하기

영어정복 선택 서약서

1. 나 _____ 은(는) 오늘! 지금! 영어정복을 선택합니다.
2. 무슨 일이 있어도 아니 죽음을 무릅쓴다는 각오로 반드시 영어정복을 하겠습니다.
3. 영어정복을 위해 그 어떠한 대가라도 지불하겠습니다.
4. 영어정복에 필요한 기간은 그동안 아무 근거 없이 입버릇처럼 말한 평생이 아닌 오늘로부터 딱 1년으로 정하고 반드시 그 기간 내에 영어정복에 성공하겠습니다.
5. 반드시 이 서약서의 내용을 지킬 것을 명예를 걸고 맹세합니다.

20   년   월   일

본인서명 _____

2단계 훈련 실시하기

앞으로 3개월간 30가지 문형 〈바꿔 말하기 훈련〉을 실시하기 전에 훈련 내용에 대한 설명을 살펴보세요.

* 참고: 바꿔 말하기 훈련은 〈3030 English〉(김지완 저)의 내용을 기본으로 만들었습니다.

30가지 문형 〈바꿔 말하기 훈련〉 소개

● 영어에는 다음과 같은 총 30가지의 문형이 있다. 이 30가지 문형에는 영어 표현의 대부분이 속해 있기 때문에 대화하거나 책을 읽을 때도 반드시 필요하다.

1개월 차	2개월 차	3개월 차
명령문	접속사(and, but 등)	there is/are
Let's	like to + 동사	현재완료
Can	want to + 동사	수동태
Will	have to + 동사	to 부정사
현재진행형	want to be/have to be	동명사
현재형	will be	간접화법
과거진행형	비교급과 최상급	가정법
과거형	장소 전치사(in, by 등)	관계대명사
be의 현재	may/shall	관계부사
be의 과거	비인칭 주어	get의 다양한 쓰임

- 2단계 훈련에서는 위의 표에 제시된 문형들을 1달에 10개씩 연습한다. 각 문형은 완벽하게 바꿔 말할 수 있을 때까지 연습하는 것을 원칙으로 하며 매 문형을 연습할 때는 다음과 같은 순서대로 한다.

  1. 한글을 본 후에 문장을 소리 내어 영어로 바꿔 말해 본다.
  2. 원어민의 음성을 듣고 성대모사를 하듯이 똑같이 따라 말하는 훈련을 한다.
  3. 충분히 연습한 후에는 다시 한글만 보고 바꿔 말하는 셀프 테스트를 통해 완벽하게 문장을 익혔는지 확인한다.
  4. 1개월간의 훈련이 끝난 후에는 확인테스트를 한 후 통과했을 때만 2개월 차로 넘어가며 통과하지 못하면 다시 반복해서 연습한다.

- 각 문형이 들어 있는 문장은 평서문뿐 아니라 부정형이나 의문문 등 최대한 다양한 형태의 문장으로 연습해야 한다. 예를 들어, can이 들어간 문형을 연습할 때는 아래의 예처럼 최대한 다양한 형태의 문장으로 연습하라는 것이다.

  I can run. 난 뛸 수 있어.
  You can't fight. 넌 싸우지 못해.
  Can you drive? 운전할 줄 아니?
  When can you play baseball? 언제 야구할 수 있니?

- 본 교재에는 문형 당 5개의 예문만 넣었으나 문형 당 최소 20문장 이상 연습하도록 한다. 좀더 많은 문장을 찾아보려면 인터넷이나 사전, 〈3030 English〉(김지완 저) 등을 활용하길 권한다.

1. 30가지 문형 〈바꿔 말하기 훈련〉 1개월 차

A. 1개월 차에 연습할 문형 소개 🎧 MP3 05

순서	문형의 종류	예문
1	명령문	Enjoy! 즐겨라!
2	Let's	Let's fight! 싸우자!
3	Can	Can you run? 너는 달릴 수 있니?
4	Will	Where will you stay? 너는 어디에 머무를 거니?
5	현재진행형	I'm having dinner. 나는 저녁을 먹고 있다.
6	현재형	I go to school every day. 나는 매일 학교에 간다.
7	과거진행형	I was playing soccer at 8. 나는 8시에 축구를 하고 있었다.
8	과거형	She went to work yesterday. 그녀는 어제 일하러 갔었다.
9	be의 현재	I'm fat. 나는 뚱뚱하다.
10	be의 과거	I was thin. 나는 말랐었다.

B. 1개월 차 연습하기

1) 명령문
1 뛰어라!
2 먹지 마라!
3 가라!
4 멈추지 마라!
5 공부해라!

2) Let's
1 가자.
2 사지 말자.
3 먹자.
4 팔지 말자.
5 쓰자.

3) Can
1 나는 달릴 수 있다.
2 너는 일할 수 없다.
3 그녀는 영어를 말할 수 있다.
4 그녀는 걸을 수 있니?
5 그들은 야구를 할 수 있다.

1) 명령문_정답   🎧 MP3 06

1. Run!
2. Don't eat!
3. Go!
4. Don't stop!
5. Study!

2) Let's_정답   🎧 MP3 07

1. Let's go.
2. Let's not buy.
3. Let's eat.
4. Let's not sell.
5. Let's write.

3) Can_정답   🎧 MP3 08

1. I can run.
2. You can't work.
3. She can speak English.
4. Can she walk?
5. They can play baseball.

4) Will
1 나는 너를 사랑할 것이다.
2 그녀들은 일하지 않을 것이다.
3 너는 내일 농구를 할 것이다.
4 우리가 내일 여기 머무를까?
5 너는 몇 시에 갈거니?

5) 현재진행형
1 나는 요리를 하고 있다.
2 너는 공부를 하고 있지 않다.
3 나의 어머니는 일하고 계시다.
4 그녀는 야구를 하고 있니?
5 너는 뭐하고 있니?

6) 현재형
1 나는 7시에 일어난다.
2 나는 일요일에 학교에 가지 않는다.
3 그녀는 8시에 학교에 간다.
4 너는 9시에 잠자리에 드니?
5 너는 보통 몇 시에 자니?

4) Will_정답 🎧 MP3 09

1. I will love you.
2. They won't work.
3. You will play basketball tomorrow.
4. Will we stay here tomorrow?
5. What time will you go?

5) 현재진행형_정답 🎧 MP3 10

1. I'm cooking.
2. You aren't studying.
3. My mom is working.
4. Is she playing baseball?
5. What are you doing?

6) 현재형_정답 🎧 MP3 11

1. I get up at seven.
2. I don't go to school on Sundays.
3. She goes to school at eight.
4. Do you go to bed at nine?
5. What time do you usually go to bed?

7) 과거진행형

1 나는 어제 7시에 TV를 보고 있었다.
2 너는 어제 5시에 설거지를 하고 있었니?
3 너는 어제 5시에 뭐하고 있었니?
4 그들은 오늘 아침 9시에 뛰고 있지 않았다.
5 너는 왜 설거지를 하고 있었니?

8) 과거형

1 나는 어제 학교에 갔었다.
2 그녀는 어제 집에 왔니?
3 너는 어제 뭐했니?
4 그들은 어제 잠을 자지 않았다.
5 왜 너는 어젯밤에 TV를 봤니?

9) be의 현재

1 나는 행복하다.
2 너는 학생이니?
3 그녀는 슬프니?
4 우리들은 선생님이다.
5 그녀는 왜 슬프니?

7) 과거진행형_정답 🎧 MP3 12

1. I was watching TV at seven yesterday.
2. Were you washing the dishes at 5 yesterday?
3. What were you doing at 5 yesterday?
4. They weren't running at nine this morning.
5. Why were you washing the dishes?

8) 과거형_정답 🎧 MP3 13

1. I went to school yesterday.
2. Did she come home yesterday?
3. What did you do yesterday?
4. They didn't sleep yesterday.
5. Why did you watch TV last night?

9) be의 현재_정답 🎧 MP3 14

1. I'm happy.
2. Are you a student?
3. Is she sad?
4. We are teachers.
5. Why is she sad?

10) be의 과거

1 나는 가난했었다.
2 우리들은 택시기사가 아니었다.
3 그녀는 간호사였다.
4 너는 바빴었니?
5 그녀는 누구였니?

10) be의 과거_정답 🎧 MP3 15

1. I was poor.
2. We weren't taxi drivers.
3. She was a nurse.
4. Were you busy?
5. Who was she?

C. 확인 테스트

1) 1개월 차 확인 테스트

아래 문장을 영어로 바꿔서 말해 보자. 결과에 따라 다음 달로 넘어갈 수 있다.

1   내 남동생은 일요일마다 학교에 간다.

2   그녀는 나를 사랑한다.

3   어제는 비가 왔다.

4   그녀는 누구를 좋아하니?

5   공부하자!

6   나는 젊었을 때 똑똑했었다.

7   너는 몇 시에 일어나니?

8   그녀는 어제 뭐 했니?

9   그들은 내일 학교에 갈 것이다.

10 그녀는 나를 좋아하지 않는다.

11 나는 8시에 TV를 보고 있었다.

12 난 뛰고 있다.

13 너의 취미가 뭐니?

14 그녀는 서울에 산다.

15 나는 키가 크지 않다.

16 넌 왜 여기로 오고 있니?

17 이세 내 취미야.

18 내 남동생은 영어를 말하지 못한다.

19 그녀들은 어디에 사니?

20 제발 이리와!

2) 정답 🎧 MP3 16

1 My younger brother goes to school every Sunday.

2 She loves me.

3 It rained yesterday.

4 Who does she like?

5 Let's study.

6 I was smart when I was young.

7 What time do you get up?

8 What did she do yesterday?

9 They will go to school tomorrow.

10 She doesn't like me.

11 I was watching TV at 8.

12 I'm running.

13 What's your hobby?

14 She lives in Seoul.

15 I am not tall.

16 Why are you coming here?

17 This is my hobby.

18 My younger brother can't speak English.

19 Where do they live?

20 Please come here!

3) 통과여부 확인

1. 총 20개의 문장 중 12개 이상 완벽하게 말하였을 때 두 번째 달로 넘어갈 수 있다.

2. 12개 이상 맞히지 못하면 첫 한 달 과정을 다시 복습한다.

3. 이때 본인이 약한 부분이 어느 부분인지 정확히 알면 그 부분으로 돌아가 학습하고 어디가 취약한지조차 모른다면 그냥 맨 처음부터 다시 1달간 학습한다. (어디가 취약한지조차 모른다는 것은 1달 과정이 전체적으로 학습이 잘 안 되었다는 뜻이다.)

4. 기초가 탄탄해야 높은 집을 지을 수 있듯 12개 이상 완벽하게 말하지 못하는데 2번째 달로 넘어가는 것은 아무런 의미가 없다.

5. 반드시 최소한 12개 이상 가능하거나 15개 이상 완벽하게 바꿔 말할 수 있을 때 2번째 달로 넘어간다.

2. 30가지 문형 〈바꿔 말하기 훈련〉 2개월 차

A. 2개월 차에 연습할 문형 소개 🎧 MP3 17

순서	문형의 종류	예문
1	접속사 (and, but 등)	I like apples and pears. 나는 사과와 배를 좋아한다.
2	like to + 동사	I like to run. 나는 뛰는 것을 좋아한다.
3	want to + 동사	I want to watch the movie. 나는 그 영화를 보기 원한다.
4	have to + 동사	I have to succeed. 나는 꼭 성공해야만 한다.
5	want to be have to be	I want to be handsome. 나는 잘생겨지길 원한다.
6	will be	I will be rich. 나는 부자가 될 것이다.
7	비교급과 최상급	I'm fatter than you. 나는 너보다 뚱뚱하다.
8	장소 전치사 (in, by 등)	My office is on the third floor. 내 사무실은 3층에 있다.
9	may shall	May I help you? 제가 도와드려도 될까요?
10	비인칭 주어	It's raining. 비가 오고 있다.

B. 2개월 차 연습하기

1) 접속사
1. 그는 훌륭한 학생이기 때문에 공부를 할 것이다.
2. 그녀는 뚱뚱하지만 운동을 하지 않는다.
3. 그들은 집에 와서 낮잠을 잤다.
4. 너는 나를 좋아하니 그녀를 좋아하니?
5. 나는 축구를 좋아하고 내 여자 친구는 야구를 좋아한다.

2) like to + 동사
1. 그는 공부하는 것을 좋아하니?
2. 그녀는 피아노 치는 것을 좋아한다.
3. 너는 뭐 하는걸 좋아하니?
4. 우리들은 피자 먹는 것을 좋아하지 않는다.
5. 내가 TV보는 것을 좋아하나?

3) want to + 동사
1. 너희들은 집에 가길 원하니?
2. 그녀들은 소리치기를 원한다.
3. 너는 뭘 하길 원하니?
4. 그녀는 여기서 머무르길 원치 않는다.
5. 우리는 동물원에 가길 원치 않는다.

1) 접속사_정답 🎧 MP3 18

1. He will study because he's a good student.
2. She's fat but she doesn't exercise.
3. They came home and took a nap.
4. Do you like me or her?
5. I like soccer and my girlfriend likes baseball.

2) like to + 동사_정답 🎧 MP3 19

1. Does he like to study?
2. She likes to play the piano.
3. What do you like to do?
4. We don't like to eat pizza.
5. Do I like to watch TV?

3) want to + 동사_정답 🎧 MP3 20

1. Do you want to go home?
2. They want to shout.
3. What do you want to do?
4. She doesn't want to stay here.
5. We don't want to go to the zoo.

4) have to + 동사

1. 그는 꼭 뛰어야만 하니?
2. 그녀는 꼭 돌아와야만 한다.
3. 너는 뭘 꼭 해야만 하니?
4. 너희들은 여기에 머물 필요가 없다.
5. 난 그것을 꼭 해야만 해.

5) want to be/have to be

1. 나는 부자일 필요가 없다.
2. 그녀는 꼭 똑똑해야만 한다.
3. 너는 똑똑해지고 싶니?
4. 나는 의사가 되길 원치 않는다.
5. 너는 뭐가 되고 싶니?

6) will be

1. 너는 건축가가 될 거니?
2. 그녀는 교수가 될 것이다.
3. 그녀는 언제 한가할까?
4. 그녀들은 행복하지 않을 것이다.
5. 나는 유명한 영화배우가 될 것이다.

4) have to + 동사_정답   🎧 MP3 21

1. Does he have to run?
2. She has to come back.
3. What do you have to do?
4. You don't have to stay here.
5. I have to do it.

5) want to be/have to be_정답   🎧 MP3 22

1. I don't have to be rich.
2. She has to be smart.
3. Do you want to be smart?
4. I don't want to be a doctor.
5. What do you want to be?

6) will be_정답   🎧 MP3 23

1. Will you be an architect?
2. She will be a professor.
3. When will she be free?
4. They won't be happy.
5. I will be a famous actor.

7) 비교급과 최상급

1. 그가 가장 무겁다.
2. 너는 그보다 잘생겼다.
3. 그녀가 가장 아름답니?
4. 그녀는 그보다 가볍지 않았다.
5. 누가 더 키가 크니?

8) 장소 전치사(in, by 등)

1. 그의 집은 서울역 앞에 있니?
2. 그녀의 빌딩은 강남에 있다.
3. 그건 이마트 뒤에 있지 않다.
4. 그건 홈플러스 가까이에 있어.
5. 내 사무실은 톰의 사무실 옆에 있지 않아.

9) may/shall

1. 갈까요?
2. 제가 이만 가도 되겠습니까?
3. 공부할까요?
4. 제가 들어가도 되겠습니까?
5. 들어와도 괜찮습니다.

7) 비교급과 최상급_정답 🎧 MP3 24

1. He is the heaviest.
2. You are more handsome than him.
3. Is she the most beautiful?
4. She wasn't lighter than him.
5. Who's taller?

8) 장소 전치사(in, by 등)_정답 🎧 MP3 25

1. Is his house in front of Seoul station?
2. Her building is in Kangnam.
3. It's not behind E-mart.
4. It's near Homeplus.
5. My office isn't next to Tom's.

9) may/shall_정답 🎧 MP3 26

1. Shall we go?
2. May I go now?
3. Shall we study?
4. May I come in?
5. You may come in.

10) 비인칭 주어

1 일요일이야.
2 날씨가 덥니?
3 거리가 멀지 않아.
4 7시야.
5 너무 늦었어.

10) 비인칭 주어 　　🎧 MP3 27

1. It's Sunday.
2. Is it hot?
3. It's not far.
4. It's 7 o'clock.
5. It's too late.

C. 확인 테스트

1) 2개월 차 확인 테스트

아래 문장을 영어로 바꿔서 말해 보자. 결과에 따라 다음 달로 넘어갈 수 있다.

1   너는 건축가가 될 거니?

2   그녀는 키가 크길 원한다.

3   나는 오늘 공부를 해야만 한다.

4   너는 어디에 머무르길 원하니?

5   그녀는 그를 사랑하기 때문에 그와 결혼할 것이다.

6   너는 무엇을 하고 싶니?

7   나는 그녀보다 뚱뚱했었다.

8   우리 갈까?

9   난 너보다 부자가 될 거야.

10   너는 우유를 원하니 물을 원하니?

11 그는 공부할 필요가 없다.

12   일요일이야.

13   들어와도 괜찮습니다.

14 누가 더 뚱뚱하니?

15 내 학교는 서울 가까이에 있다.

16 그녀는 예쁘다 하지만 키가 작다.

17 나의 집은 너의 집 앞에 있다.

18 제가 들어가도 되겠습니까?

19 너는 뭐 하는 걸 좋아하니?

20 난 반에서 가장 똑똑하다.

2) 정답

1. Will you be an architect?
2. She wants to be taller.
3. I have to study today.
4. Where do you want to stay?
5. She loves him so she will marry him.
6. What do you want to do?
7. I was fatter than her.
8. Shall we go?
9. I will be richer than you.
10. Do you want milk or water?

11 He doesn't have to study.

12 It's Sunday.

13 You may come in.

14 Who's fatter?

15 My school is near Seoul.

16 She is beautiful but she is short.

17 My house is in front of your house.

18 May I come in?

19 What do you like to do?

20 I am the smartest in the class.

3) 통과여부 확인

1. 총 20개의 문장 중 12개 이상 완벽하게 말하였으면 세 번째 달로 넘어갈 수 있다.

2. 12개 이상 맞히지 못하면 이번 달 과정을 다시 복습한다.

3. 이때 본인이 약한 부분이 어느 부분인지 정확히 알면 그 부분으로 돌아가 학습하고 어디가 취약한지조차 모른다면 그냥 맨 처음부터 다시 1달간 학습한다. (어디가 취약한지조차 모른다는 것은 1달 과정이 전체적으로 학습이 잘 안 되었다는 뜻이다.)

4. 기초가 탄탄해야 높은 집을 지을 수 있듯 12개 이상 완벽하게 말하지 못하는데 3번째 달로 넘어가는 것은 아무런 의미가 없다.

5. 반드시 최소한 12개 이상 가능하거나 15개 이상 완벽하게 바꿔 말할 수 있을 때 3번째 달로 넘어간다.

3. 30가지 문형 〈바꿔 말하기 훈련〉 3개월 차

A. 3개월 차에 연습할 문형 소개　　　🎧 MP3 29

순서	문형의 종류	예문
1	there is/are	There is a pear. 배가 하나 있다.
2	현재완료	I have played baseball. 나는 야구를 해 본 적이 있다.
3	수동태	It was made in Korea. 그것은 한국에서 만들어졌다.
4	to 부정사	I told him to stop. 나는 그에게 멈추라고 말했다.
5	동명사	Speaking English is easy. 영어로 말하는 것은 쉽다.
6	간접화법	She said she was rich. 그녀는 그녀 자신이 부유하다고 했다.
7	가정법	If I see it, I'll tell you. 그걸 보면 네게 말해줄게.
8	관계대명사	I know a girl who is a supermodel. 나는 슈퍼모델인 여자를 한 명 알아.
9	관계부사	This is the place where he lives. 여기가 그가 사는 장소야.
10	get의 다양한 쓰임	Get me some water! 물 좀 가져다 줘.

B. 3개월 차 연습하기

1) there is/are
1. 너희 반에는 사람이 많니?
2. 침대 위에 노트북 컴퓨터가 있다.
3. 너희 가족이 몇 명이니?
4. 버스에 사람이 많지 않다.
5. 밖에 차가 한 대 있어.

2) 현재완료
1. 그녀는 일본으로 가지 않았다.
2. 그녀는 예전에 스테이크를 먹어 본 적이 있다.
3. 너 이거 시도해 봤니?
4. 나는 중국에 가 본 적이 없다.
5. 나는 이전에 야구를 해 본 적이 있다.

3) 수동태
1. 오늘 아침 신문이 배달되었니?
2. 그녀는 초대되었다.
3. 창문이 어제 깨졌니?
4. 이 방은 청소되지 않았다.
5. 그 문제는 해결이 되었다.

1) there is/are_정답 🎧 MP3 30

1. Are there many people in your class?
2. There is a laptop on the bed.
3. How many people are there in your family?
4. There aren't many people on the bus.
5. There is a car outside.

2) 현재완료_정답 🎧 MP3 31

1. She hasn't gone to Japan.
2. She has eaten steak before.
3. Have you tried this?
4. I haven't been to China.
5. I have played baseball before.

3) 수동태_정답 🎧 MP3 32

1. Was the newspaper delivered this morning?
2. She was invited.
3. Was the window broken yesterday?
4. This room wasn't cleaned.
5. The problem was solved.

4) to 부정사
1. 공부하는 것은 어렵지 않다.
2. 그녀는 내가 공부하는 것은 원한다.
3. 그들은 우리를 도우러 왔니?
4. 나는 학교에 공부하러 간다.
5. 그녀들은 여기에 이기러 왔다.

5) 동명사
1. 너는 피아노 치는 것을 즐기니?
2. 나는 운전하는 것을 좋아한다.
3. 담배 끊어라!
4. 나의 직업은 차를 파는 것이 아니다.
5. 나는 말하는 것을 사랑한다.(정말 좋아한다.)

6) 간접화법
1. 너는 그에게 네가 나보다 강하다고 말했니?
2. 나는 네가 아름답다고 말하지 않았어.
3. 앤디는 내게 더 열심히 일하라고 말했다.
4. 제니는 학교에 올 수 없다고 말했다.
5. 그녀는 내게 조용히 하라고 말했다.

4) to 부정사_정답 🎧 MP3 33

1. It's not hard to study.
2. She wants me to study.
3. Did they come to help us?
4. I go to school to study.
5. They came here to win.

5) 동명사_정답 🎧 MP3 34

1. Do you enjoy playing the piano?
2. I like driving.
3. Quit smoking!
4. My job isn't selling cars.
5. I love talking.

6) 간접화법_정답 🎧 MP3 35

1. Did you tell him you were stronger than me?
2. I didn't say you were beautiful.
3. Andy told me to work harder.
4. Jenny said she couldn't come to school.
5. She told me to be quiet.

7) 가정법

1. 그녀가 날 좋아하지 않는다면 난 울 거야.
2. 내일 비가 온다면 나는 슬퍼질 것이다.
3. 그녀가 늦게 돌아오면 밖으로 나갈 거야?
4. 네가 오지 않으면 나는 잠자지 않을 거야.
5. 만약 오늘밤 날씨가 흐리면 나는 연을 날릴 거야.

8) 관계대명사

1. 이게 네가 운전하는 차야?
2. 그녀는 행복한 결말을 가진 이야기들을 좋아해.
3. 테이블 위에 있던 치즈 어디 있어?
4. 너는 내가 소유한 건물을 본 적이 없어.
5. 당신은 제이가 개발한 새 차를 좋아합니까?

9) 관계부사

1. 여기가 그녀가 일하는 곳이니?
2. 나는 네가 일하는 빌딩에서 살지 않아.
3. 그들은 그녀가 언제 올지 알고 있니?
4. 내가 돌아온 이유는 널 보기 위해서야.
5. 그가 태어난 날을 알고 있니?

7) 가정법_정답 🎧 MP3 36

1. If she doesn't like me I'll cry.
2. If it rains tomorrow, I'll be sad.
3. Will you go out if she comes back late?
4. If you don't come, I won't sleep.
5. If it's cloudy tonight, I will fly a kite.

8) 관계대명사_정답 🎧 MP3 37

1. Is this the car that you drive?
2. She likes stories that have happy endings.
3. Where's the cheese that was on the table?
4. You haven't seen the building that I own.
5. Do you like the new car that Jay invented?

9) 관계부사_정답 🎧 MP3 38

1. Is this the place where she works?
2. I don't live in the building where you work.
3. Do they know the time when she will come?
4. The reason why I came back is to see you.
5. Do you know when he was born?

10) get의 다양한 쓰임

1 그녀는 언제 보너스를 받았지?
2 언제 돌아왔어?
3 그거 어디서 났어?
4 승진했니?
5 이해했니?(이해되니?)

10) get의 다양한 쓰임_정답   🎧 MP3 39

1. When did she get a bonus?
2. When did you get back?
3. Where did you get it?
4. Did you get a promotion?
5. Did you get it?

C. 확인 테스트

1) 3개월 차 확인 테스트

아래 문장을 영어로 바꿔서 말해 보자. 결과에 따라 다음 달로 넘어갈 수 있다.

1   나는 어제 세라를 만나러 강남에 갔었다.

2   너희 가족은 몇 명이니?

3   나는 네가 일하는 빌딩에서 살지 않아.

4   언제 돌아왔어?

5   이 호텔에는 방이 100개 있어.

6   그녀는 그녀가 한국인이라고 말했다.

7   그만 뛰어라!

8   내가 만약 너라면 난 그녀와 결혼하겠어.

9   나는 여기에 이기러 왔다.

10 나는 학교에 공부하러 갔었다.

11. 나는 여기 머무르란 지시를 받았다.

12. 그녀는 어제 자전거에 치었다.

13. 우리 가족은 5명이에요.

14. 만약에 비가 온다면 난 집에 머물겠다.

15. 창문이 깨졌다.

16. 나는 페라리를 가진 여자 한 명을 알고 있다.

17. 너희 엄마가 네가 아프다고 나에게 말씀하셨어.

18. 나는 그녀를 만나기 위해 그곳에 갈 거야.

19. 페라리가 한 대 있네.

20. 공부하는 것은 재미있다.

2) 정답　　　　　　　　　　　　🎧 MP3 40

1　I went to Kangnam to meet Sarah.

2　How many people are there in your family?

3　I don't live in the building where you work.

4　When did you get back?

5　There are 100 rooms in this hotel.

6　She said she is Korean.

7　Stop running!

8　If I were you I would marry her.

9　I came here to win.

10　I went to school to study.

11 I was told to stay here.

12 She was hit by a bicycle yesterday.

13 There are 5 people in my family.

14 If it rains I will stay home.

15 The window is broken.

16 I know a woman who has a Ferrari.

17 Your mother told me you were sick.

18 I will go there to meet her.

19 There is a Ferrari.

20 Studying is fun.

3) 통과여부 확인

1. 총 20개의 문장 중 12개 이상 완벽하게 말하였으면 다음 단계로 넘어갈 수 있다.

2. 12개 이상 맞히지 못하면 이번 달 과정을 다시 복습한다.

3. 이때 본인이 약한 부분이 어느 부분인지 정확히 알면 그 부분으로 돌아가 학습하고 어디가 취약한지조차 모른다면 그냥 맨 처음부터 다시 1달간 학습한다. (어디가 취약한지조차 모른다는 것은 1달 과정이 전체적으로 학습이 잘 안 되었다는 뜻이다.)

4. 기초가 탄탄해야 높은 집을 지을 수 있듯 12개 이상 완벽하게 말하지 못하는데 다음 단계로 넘어가는 것은 아무런 의미가 없다.

5. 반드시 최소한 12개 이상 가능하거나 15개 이상 완벽하게 바꿔 말할 수 있을 때 다음 단계로 넘어간다.

3단계 훈련 실시하기

2단계 훈련을 통해 영어의 기본을 완벽하게 다졌다면 이제 고급단계로 넘어갑니다. 3단계 훈련에서는 2단계 훈련에 비해 다소 긴 문장들은 물론이고 다양한 구어 표현도 익힐 수 있으며 성대모사 방식의 훈련으로 더 자연스러운 억양과 발음, 제스처까지 익힐 수 있습니다.

1. 〈성대모사 훈련〉이란?

'연예인이나 유명인사의 성대모사를 할 수 있다면 원어민의 성대모사 역시 할 수 있지 않을까?' 저자는 지난 10년간 영어강의를 하며 "어떻게 하면 수강생들이 좀더 원어민처럼 말할 수 있을까?" 고민에 고민을 거듭했다. 그러던 어느 날 코미디언들이 앙드레김 선생님이나 김응룡 감독님을 성대모사했던 것처럼 우리도 즐기는 마음으로 신이 나게 원어민을 성대모사 하면 어떨까 하는 생각을 하게 되었다.

그리고 즉각 이런 아이디어를 실제로 학생들에게 적용해본 결과 발음은 물론, 목소리 톤, 억양 더 나아가 제스처까지 좀더 원어민다워진 것을 확인할 수 있었다. 특히 많은 학생들이 처음에는 발음하기조차 어려운 문장이나 긴 문장도 여러 번 성대모사를 하고 난 뒤에는 자연스럽게 발음할 수 있었다.

기존 자신의 발음대로 말하지 말고 원어민 성우의 발음을 완벽하게 성대모사 해 보자. 이것보다 빠른 발음과 억양교정 방법은 이 세상 어디에도 없다. 어렸을 때 친구들과 서로의 말투를 따라 하며 장난을 치듯 그런 마음으로 원어민의 음성을 150% 완벽하게 따라 말해 보기 바란다.

2. 학습방법
1. 좋아하는 배우를 선정하고 그가 출연한 영화와 스크립트를 구한다.
2. 선택한 배우가 나오는 장면의 스크립트를 보면서 크게 따라 말한다. 자신이 연기한다는 생각으로 영화에 집중한다. 이때 자연스러운 제스처를 위해 앉아서 하지 말고 서서 하는 것을 권장한다. 대략 10~15문장씩 묶어서 반복해서 듣고 성대모사를 하며 영화배우의 제스처까지도 완벽하게 따라 한다.
3. 틈틈이 대본을 읽는 연습을 한다. 대중교통 안에서는 머릿속으로 성대모사 하거나 작은 소리로 해도 괜찮다.
4. 모르는 단어가 있으면 처음부터 찾아보지 말고 2~3번 성대모사를 하면서 뜻을 추측해 보고, 그래도 뜻이 궁금한 단어가 있을 때만 단어를 찾아본다. (단어 검색은 최소한으로 제한한다.)
5. 녹음해서 그 배우와 정말 비슷하게 말할 수 있을 때까지 반복적으로 연습한다. 배우가 대사를 하기도 전에 먼저 말하는 수준이 되면 한 편의 영화를 완벽하게 숙달한 것으로 보고 다음 영화로 넘어간다.

3. 준비물

1. 영어자막으로 된 할리우드 영화나 미드
- DVD의 경우 자막설정을 영어로 해야 하고, 내려받은 영화는 영어자막을 따로 내려받아야 한다.

2. 영어로 된 대본:
- Google에서 영화제목을 영어로 입력한 다음 한 칸 띄고 script 라고 검색하면 대부분의 대본을 구할 수 있다.
    예) pretty woman script

3. 영어정복을 해야겠다는 굳은 마음가짐

4. 김지완의 추천영화 리스트 10

아래는 꼭 봐야 하는 영화들은 아니다. 인기배우가 나오거나 성대모사 하기에 상대적으로 쉬운 영화 위주로 골랐는데, 아무래도 인기배우를 성대모사의 대상으로 선정해야 훈련에 좀더 동기부여가 될 것이기 때문이다. 평소에 좋아하거나 멋있다고 생각한 배우처럼 영어를 하게 될 것이라는 즐거운 상상을 하며 연습하자. 저자가 추천한 영화는 〈노팅힐〉을 제외하고는 모두 미국식 영어가 주로 쓰인다. 물론 영국식 발음을 공부하고 싶다면 영국식 영어가 나오는 영화를 선택하면 된다.

1. 귀여운 여인(Pretty Woman, 1990) 줄리아 로버츠, 리처드 기어
2. 포레스트 검프(Forrest Gump, 1994) 톰 행크스

3. **캐치 미 이프 유 캔(Catch Me If You Can, 2002)** 레오나르도 디카프리오, 톰 행크스
4. **여인의 향기(Scent of a Woman, 1992)** 알 파치노
5. **블라인드 사이드(The Blind Side, 2009)** 산드라 블록
6. **러브 어페어(Love Affair, 1994)** 워렌 비티, 아네트 베닝
7. **미스터 & 미세스 스미스(Mr. and Mrs. Smith, 2005)** 브래드 피트, 안젤리나 졸리
8. **노팅 힐(Notting Hill, 1999)** 줄리아 로버츠, 휴 그랜트
9. **블러드 다이아몬드(Blood Diamond, 2006)** 레오나르도 디카프리오
10. **어글리 트루스(The Ugly Truth, 2009)** 캐서린 헤이글

5. 기존의 교재들을 활용한 영어 말하기 학습

교재와 MP3 파일만 있으면 어떤 책으로도 〈성대모사 훈련〉을 할 수 있다. 우선 가장 손쉽게 구할 수 있는 것으로는 영어회화책이 있을 것이다. 사실 저자는 학생들에게 〈1분 리스닝〉(김지완 저)같은 리스닝용 교재를 권한다. 리스닝 교재만큼 대화 지문이 풍부하고 음성 파일이 좋은 교재가 없기 때문이다.

음성 파일과 책이 모두 준비되면 책에 나온 문법설명 등의 다른 내용은 무시하고 오로지 영어 문장과 한글해석 부분만 활용해서 〈바꿔 말하기 훈련〉과 〈성대모사 훈련〉을 병행한다. 〈성대모사 훈련〉을 통해 새로운 문장들을 익히고 〈바꿔 말하기 훈련〉을 통해 학습한 내용을 점검하는 것이다.

프레젠테이션 훈련 실시하기

프레젠테이션은 회화보다 말을 하는 양이 많고 문장이 긴 편입니다. 게다가 청중들에게 좋은 인상을 주고 설득력도 갖춰야 하기 때문에 많은 훈련이 필요하죠. 그래서 〈성대모사 훈련〉과 같은 방법으로 연습하지만 긴 문장으로 말하는 연습을 추가로 해야 하기에 영어연설로 유명한 사람을 선택해서 훈련하는 것이 중요합니다.

1. 학습 방법

이미 배운 〈성대모사 훈련〉과 같은 방법으로 훈련한다. 단, 〈성대모사 훈련〉이 지루해지는 경우에는 한글 지문을 보며 〈바꿔 말하기 훈련〉을 병행한다. 이렇게 두 가지 훈련을 반복하며 한 연설문을 거의 다 외울 때까지 연습한다. 이렇게 연습하면 길게 말하기에 매우 익숙해진 자신을 발견하게 될 것이다.

2. 준비물

연설문이나 프레젠테이션처럼 한 사람이 길게 말하는 대본과 MP3 파일이나 동영상파일을 입수한다. 예를 들어 미국의 오바마 대통령이나 스티브 잡스의 연설문, 미국의 자기계발 명사 브라이언 트레이시의 강연내용도 좋다. 이때 영문은 물론이고 한글 해석까지 구해야 〈바꿔 말하기 훈련〉과 〈성대모사 훈련〉을 모두 할 수 있다. 특히 어떤 상황에도 대비할 수 있으려면 다양한 장르의 뉴스, 강연, 연설 등을 섭렵하는 것이 좋다. 자신이 좋아한다고 한 분야만 공부하지 말고 다양한 분야를 학습하기 바란다.

Note

Note